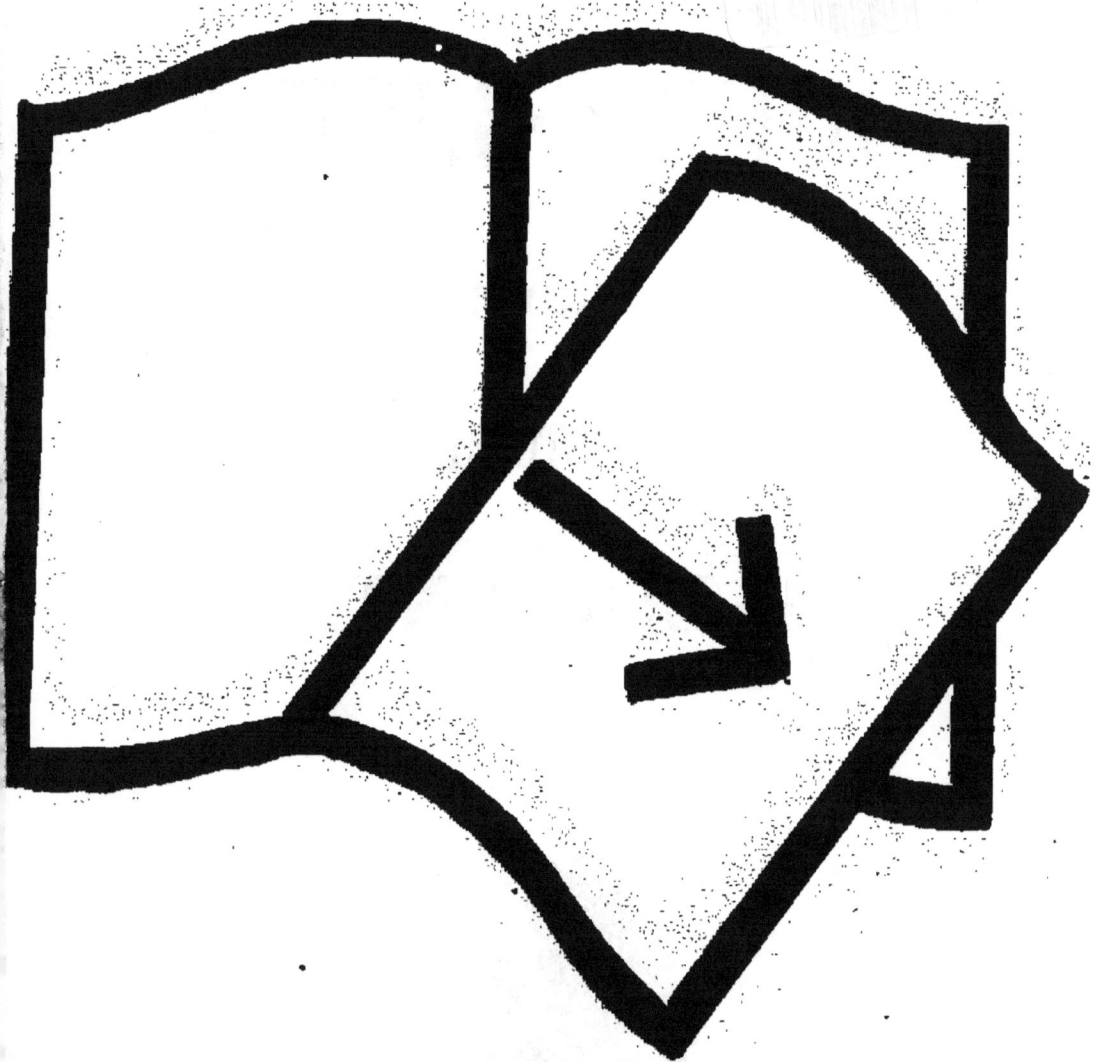

Couvertures supérieure et inférieure
manquantes

LE
FAOUËDIC-LISIVY.

ÉTUDE INTRODUCTIVE

A L'HISTOIRE

DE LORIENT.

LORIENT,

ÉDOUARD CORFMAT, IMPRIMEUR-LIBRAIRE, RUE DU PORT, 68.

1863.

1864

v 7

Lorsqu'en 1667 la compagnie des Indes Orientales, dont le principal siége était à Port-Louis, vint établir ses chantiers de constructions navales et ses magasins pour l'armement de ses flottes sur le territoire qui forme aujourd'hui une partie de l'arsenal de Lorient, elle trouva une lande aride et déserte et des grèves nues.

Mais qu'était exactement à cette époque ce coin de terre privilégié? Que fut-il jadis? — Deux questions à la solution desquelles s'attache l'auteur de cette courte notice.

Son travail n'offrira sans doute qu'un bien médiocre intérêt à la masse des lecteurs; mais, nous l'espérons, quelques Lorientais voudront bien en excuser la monotonie et l'accueillir avec les bienveillants égards que l'on accorde toujours à d'anciens récits, à de vieux souvenirs, à toute œuvre enfin qui se rattache au passé de son pays.

———————

ANCIENNETÉ DU FAOUËDIC-LISIVY,

SES DIFFÉRENTS NOMS.

La petite presqu'île sur laquelle s'élèvent aujourd'hui l'arsenal et la ville de Lorient, dépendait autrefois de la seigneurie du Faouëdic-Lisivy, fief situé dans la paroisse de Plœmeur, évêché de Vannes, relevant féodalement du fief supérieur de Tréfaven, l'un des membres de la principauté de Guémené.

Mais cette seigneurie n'a pas toujours porté ce nom de Faouëdic-Lisivy, son nom le plus ancien était Fauoët dont Faouëdic n'est que le diminutif; c'est ce qui est révélé par les procès-verbaux des réformations de la noblesse de Bretagne du XV° siècle, les plus anciens documents qui fassent mention de cette terre.

Ainsi, à l'article *Plœmeur*, la réformation de 1448 comprend la terre du Fauoët au nombre de celles de cette paroisse *qui exemptent*. Le nom de son propriétaire n'est pas indiqué : peut-être parce qu'il figure au même état pour d'autres fiefs situés dans d'autres paroisses.

Dans la réformation de 1536, la terre du Fauoët est encore comprise dans le rôle de la paroisse de Plœmeur ; mais cette fois on ajoute qu'elle *appartient au sieur de Lisvy.*

Trois autres documents des XVe et XVIe siècles, dont nous avons lu les originaux, font mention de la même seigneurie.

C'est d'abord, en suivant l'ordre chronologique :

« Le compte de Jehan Le Tehouer recepveur
» de Treizfaven, à très-haut et puissant sei-
» gneur monseigneur de Guémené-Guengamp
» seigneur de la Rochemoysan et de ladicte
» seigneurie de Treizfaven, pour l'année 1474,
» présenté à Guémené le quatorziesme jour de
» Febvrier 1474 » (1).

Au folio trois, verso, de ce vieux compte à peine lisible et dont le vélin tombe en lambeaux, on remarque l'article suivant :

« Item compte de xx soubz de rente deuz
» par chacun an sur les moulins du sieur de
» Lisivi en sa terre du Fauoët en la paroisse de

---

(1) Un des articles du chapitre de ce vieux compte intitulé : mise et descharge du dict recepveur, peut servir à fixer l'époque de la construction du château de Guémené. Il est ainsi conçu, autant qu'on peut lire : « Item se descharge d'authorisé du comman-
» dement de monseigneur en une corde dangen, pour lediffice
» du chastel de Guémené Guengamp, ci.... XXXVe. »

» Plœmeur quel monte pour le terme de Saint-
» Gille MCCCCLXXIIII cy......... XXᵉ. »

Les deux autres sont des baillées passées devant les notaires « en la cour de Treizfaven
» au bourg de Plœmeur. »

La première de ces baillées portant la date du
26 Novembre 1544, concerne une tenue à Kerysac en la paroisse de Plœmeur; elle est consentie par noble homme *Franczoys de Lysyvy*
(sic), *sieur de Lisivy, de Kerlault, de Pont-
plancouët* et de *Fauoët*, à Estienne Le Gallic.
Au bas de cette baillée, on lit à la date du 23
Novembre 1548 une prolongation écrite en entier de la main du propriétaire et signée : *Franczoys de Lysyvy.*

La seconde baillée concerne la même tenue
de Kerysac, elle porte la date du 28 Juin 1555;
elle est accordée au même le Gallic par noble
homme Francoys de Lisivy sieur du dit lieu,
Kerlaout, Pontplancouet et du Fauoët, *demeurant
à présent en son mannoyr du Fauoët en la paroisse de Plœmeur.*

Jusqu'à présent cette seigneurie porte le nom
de Fauoët; mais, en 1579, elle paraît pour la première fois avec les deux noms de *Fauoët-Lisivy* ;
c'est-à-dire, avec l'addition du nom de son dernier
propriétaire. C'est encore une baillée du 15 Avril

« 1579, passée devant Raoul de Chief du Bois et
» Loys Duvergier notaires et tabellions establys
« en la court et principaulté de Treizfaven...., »
qui nous donne le premier exemple de ce changement. Cette baillée, « d'une tenue en un camp-
» ton de Villaige aujourd'hui inhabitué appelé
» Kerissac... », est consentie par noble homme
Maurice de Tremillec escuyer sieur dudit lieu,
de Lysivy, de Kerlault, la Boexière, du Fauoët-
Lisivy en Plœmeur..., à Thomas et Henry Les
Gallie.

Si, pour expliquer l'addition du nom de Lysivy
à celui du Fauoët, on n'admettait pas le souvenir
des derniers habitants de cette terre, il faudrait
supposer une chose bien rare : la réunion de
deux fiefs; et, pour cela, constater l'existence dans
le voisinage du fief du Fauoët, d'un fief de Lisivy.
Dans le sens de cette dernière hypothèse, nous
avons fouillé les papiers, parcouru le terrain,
pour n'arriver qu'à un résultat bien minime :
trouver une prairie située entre les villages de
Kerlin et de Kervaric qui porte encore de nos
jours le nom de prairie de Lisivy, fait qui ne
suffit pas, sans doute, pour prouver l'existence
d'un fief, d'un lieu noble quelconque voisin du
nom de Lysivy. Cependant, nous devons signaler
l'existence dans le village de Kervaric, nommé

Kermarhic au XVII° siècle, village d'où on découvre la plus belle vue de Lorient et de sa rade, des traces très-remarquables d'un établissement fortifié; et, ajoutons de suite, pour augmenter l'intérêt des archéologues, que le nom breton de ce village, se traduit par *village du Chevalier*, et qu'au pied s'étend un grand champ nommé *Parc-pont-er-Roué*, ce qui signifie mot à mot : *Champ-pont-du-Roi*.

Puisque nous en sommes aux étymologies, cherchons celle du mot Fauoët.

Tous les auteurs bretons, tous les dictionnaires donnent au mot Fauoët, la signification de *Bois de hêtres, lieu planté de hêtres*. Cependant, bien que nous soyons très-loin d'être versé dans cet idiôme, dernier vestige des races Gallo–Kimriques, qu'on nous permette une observation.

Que l'on s'adresse au premier breton venu pour lui demander d'exprimer dans son langage ces mots : *bois de hêtres, bois du hêtre le bois de hêtres, lieu planté de hêtres*, il répondra: *Coat-fao, Coat-er-faven* (par euphonie *Coat-an-faven*), *er-Coat-fao, Favennek*, et jamais Fao-Hoat (par euphonie de Fao-Coat).

Il n'est pas dans le génie de la langue bretonne d'exprimer l'idée accessoire avant l'idée principale, l'adjectif ou le mot employé comme adjectif, avant le substantif. Nous avons donc cherché à ce nom de Faouët, qui appartient à un certain nombre de lieux de la Bretagne, une autre étymologie que celle qui lui est constamment donnée, et nous croyons l'avoir rencontrée dans le Glossaire de dom Lobineau, où l'on trouve *Faveta* ou *Foveta*, *fossés*. Ces mots latins Faveta et Foveta, prononcés comme le faisaient les anciens et comme de nos jours encore les Italiens, les Allemands, les Polonais, en se rappelant que les lettres V et U étaient identiques, nous donnent *Faoueta* et *Fooueta;* c'est-à-dire, littéralement notre mot Faouët avec une terminaison latine. Mais Fovetum n'est qu'un dérivé du verbe Fovere; et, dans Virgile, on trouve l'emploi de ce mot dans ce sens : Fovere Castra, *se retirer, se tenir dans un camp;* c'est-à-dire, se retirer, se tenir dans un lieu défendu par des retranchements, *des fossés*. Dans cette hypothèse, les noms de lieux *Faouët,* et leurs diminutifs bretons *Faouëdic,* auraient donc pour origine le séjour plus ou moins long dans ces lieux, des Romains, qui y auraient laissé des traces de leurs campements par des retranchements, des rejets de terre, *des fossés;* travaux de prudence constamment observés par eux dans toutes leurs stations, même quand il ne s'agissait que de stationner une seule nuit ; qui faisaient compter les journées de marche par campements et ont fait rendre l'expression de Quinte-Curce : *undecimis castris*, par ces mots : *Onze jours de marche* (1).

De là l'explication du grand nombre de lieux appelés Faouët ou Faouëdic. — Poursuivons.

En 1579 avons-nous dit la seigneurie du Fauoët porte le nom de Fauoët-Lisivy ; dans le siècle suivant on lui voit le nom de *Fauoëdic-Lisivy*, sans qu'on sache encore le motif de cette nouvelle modification.

C'est dans un acte de 1653 au rapport des notaires d'Hennebont et de Kerhollain que nous est apparu pour la premiè'e fois le nom de Fauoëdic-Lisivy. Dans cet acte, « messire Pierre » de Jégado, seigneur de Kerhollain, Kerlot, » Laboissière, Tremellin, Lisivy, le Faouëdic » et autres lieux, gentilhomme ordinaire du » roy, demeurant en ladite maison de Kerhol-

_____

(1) « Les Romains, faisant la guerre dans des pays sauvages, « et songeant constamment à se garder contre la fougue aveugle « des barbares, campaient avec un art infini, et, arrivés le soir « sur un terrain toujours choisi avec un coup d'œil exercé, « s'établissaient en quelques heures dans une vraie place forte, « construite en palissades, *entourée d'un fossé*, et presque inex- » pugnable. » (Tuiers, hist. cons. et emp. tome 20, p. 732).

» lain, en la paroisse de Lanvaudan » hypothèque la terre et seigneurie du *Faouëdic-Lisivy
et ses dépendances sittuées en la paroisse de
Plœmeur et autres circonvoisines*, en garantie
d'un emprunt de cinq mille livres, qu'il avait fait
à « messire Vincent du Bouëstiez et dame Renée
» Fournoir sa compagne, sieur et dame de
» Kerorguen, le Quellennec et autres lieux,
» demeurant en leur dite maison du Quellennec
» en la paroisse de Languidic. »

Ainsi, dans les actes antérieurs à 1579, cette
seigneurie porte le nom de Fauoët et nous lui
voyons pour maitre un sieur de Lisivy. En
1579, passée dans la main de Maurice de Tremillec, c'est Fauoët-Lisivy qu'elle se nomme; et
enfin, après les Tremillec, devenue la propriété
des Gegado ou Jégado, on la désigne sous le
nom de Faouëdic-Lisivy. C'est ce dernier nom
qu'elle portait à l'arrivée de la compagnie des
Indes.

ÉTAT GÉNÉRAL DU FAOUËDIC-LISIVY

— ÉTENDUE — IMPORTANCE.

Jusqu'à présent les documents dont nous venons de faire l'analyse ne nous ont fait connaître que l'ancienneté du Faouëdic-Lisivy et les différents noms que cette terre a portés. Pour connaître sa situation, son étendue, l'importance qu'elle a pu avoir, nous manquons d'éléments antérieurs à la compagnie des Indes, et il nous faut tout d'abord recourir à un aveu de 1681.

A cette époque où Lorient était déjà fondé, par les chantiers de la compagnie établis *au lieu du Faouëdic, le long de la rivière de Pont-scorff;* cette terre était passée des mains des Jégado en celles de Dondel, par suite de l'acquisition de Thomas Dondel, et François de la Pierre, son beau-frère et son associé, à l'audience des requêtes de palais à Rennes du 15 juillet 1667. — Le 9 avril 1681, « messire Pierre Dondel, sieur » de Keranguen, conseiller du roi, sénéchal en » la sénéchaussée et siège présidial de Vannes,

» fils de deffunt escuyer Thomas Dondel, sieur
» de Brangolo, rendit par acte fait et consenty
» à Hennebont au tablier et rapport de Hierosme
» Cornic, notaire royal, adveu et déclaration des
» maisons, terres, rentes et hérittages qu'il tenait
» et possédait prochement et ligement soubs
» haulte et puissante dame Anne de Rohan,
» princesse de Guémené, duchesse de Monbazon,
» propriétaire des seigneuries de la Roche-
» moisan, Treffaven et Quérien. »

Nous copions textuellement la partie de cet aveu qui intéresse plus particulièrement Lorient:

LE MANOIR NOBLE DU FAUOUËDIC-LISIVY.

« Le lieu et maison noble du Fauouëdic-Lisivy,
» paroisse de Plœmeur, consistant en logement,
» pourprix, jardins, boys de futaye, tailliff et
» la prée prés le dict grand boys avec le tallut
» estant autour du dict boys, contenant le tout
» ensemble en fonds, vingt et sept journaux.
» Donnant du levant et du nord sur la rivière
» de Scorff, du midy sur la baye de mer qui
» passe entre Lorient et la lande de la dicte
» maison jusqu'à la fontaine, du couchant sur
» la prée nommé Pen-Parc-er-Fauouët, sur le
» Cosquer et le Mainec et le Parc-Rous, le tout
» estant à terre du dict Fauouëdic; et sur une

» parcelle de terre nommée Parc-er-Houët,
» appartenant à la veuffve du Guigner, du
» village de Botermen.

» Une grande parcelle de terre chaude
» contenant plusieurs petites qui se joignent et
» se nomment er Vaquer, er Cosquer, er Bot-
» mellou, contenant ensemble en fond huict
» journaux, donnant du levant sur le dit tailliff,
» du midy sur Prat-Bihan du dict Fauouëdic,
» et sur autre pièce nommée en Toeur, appar-
» tenant à Marie Fichau, du couchant sur le
» chemin du Fauouëdic à Kantreich et du nord
» à autres parcelles de terres aussy nommées
» Lesquer et Botmellou, appartenant à la dicte
» veuffve du Guigner, et à terre de Marc Guil-
» louic et à Marc Le Pesquer.

» Aultre parcelle de terre chaude nommée
» Pech-er-Faouëdic, contenant en fond un
» journal et demye, donnant du levant au dict
» chemin du Fauouëdic à Kantreich, du midy
» à aultre parcelle du même nom appartenant
» à Claude Le Venedy de Kverault et aux héri-
» tiers de Jacques du Parc, du couchant à
» aultre chemin qui conduict de Kverault à
» Kantreich, et du nord à une parcelle de lande
» à la dicte Marie Fichau, soubs la dicte sei-
» gneurie du Fauouëdic.

» Aultre parcelle de terre chaude nommée
» Trion-Penallé, contenant en fonds cinquante
» cinq cordes, donnant du levant sur la dicte
» prée er-Prat-Bihan, du midy à aultre parcelle
» nommée Allé-er-Fauouët, appartenant à
» Guillaume Hervé, du couchant sur le chemin
» du Fauouëdic à Kantreich et du nord sur une
» parcelle de lande aux héritiers de François
» Dacier.

« Aultre parcelle de terre chaude nommée
» Parc-er Faouët, quy contient en fonds deux
» journaux et trois cordes, donnant du levant
» au dict chemin quy conduict du Fauouëdic
» à Kantreich, du midy à une petite parcelle
» de terre entre les dictes terres et la rabine
» appartenant aux hérittiers de François Dacier,
» du couchant au dict chemin de Kverault à
» Kantreich et du nord à terre au dict Venedy
» et à Jacques du Parc.

» Une rabine conduisant de la Claye du dit
» Faouëdic au chemin quy conduict du dict lieu
» à Kantreich et continuant jusqu'au chemin
» de Kverault au dict Kantreich, contenant
» sous fonds trente cordes.

» Aultre grande pièce de terre chaude, aussy
» nommée Pech-Bras-er-Fauoët, avec un pré
» estant au bas, donnant du levant sur le pla-

» citre de la Fontaine du Fauouëdic, du midy
» sur Parc Fontaniou de Kverault, sur une
» autre grande parcelle de terre nommée En-
» Allée, possédée par ceux de Kverault soubs
» la seigneurie du Fauouëdic et du nord sur la
» dicte rabine cy devant describée.

» Une grande pasture nommée Pradel Kve-
» rault contenant en fonds quatre journaux et
» trois quarts, donnant du levant sur Poullou
» Riou, du midy sur la chaussée de Pont-er-Len
» et au chemin qui conduict du Faouëdic à
» Pleumeur, du couchant à ruisseau qui sépare
» les terres de Mathieu Pogam et la veuffve de
» Jacques Sallou, et du nord sur parc Halhuet
» quy appartient a Pierre Ivon de Calasvin soubs
» la dicte seigneurie du Faouëdic, ayant ses
» édifices tout autour.

« Le chasteau nommé Le Cloistre compris
» sa douve, contient quarante-huit cordes de
» fonds, donnant du levant à la pièce de terre
» nommée Loperennel, du midy sur Parc-Ster à
» Guillaume Hervé et du nord sur le chemin
» du Faouëdic à Pleumeur.

« Aultre parcelle de terre chaude dans la
» pièce nommée Parc-Ster contenant trente et
» huit cordes en fonds donnant du levant à
» terre à Guillaume et Yves Hervé, du midy à

» terre à la veuffve du Floch, du couchant à
» l'Estang du Moulin du dict Fauouëdic et du
» nord à terre du dict Guillaume Hervé, le tout
» dans la dicte pièce de Parc-an-ister,

« Une parcelle de lande nommée Le Veleny
» contenant en fonds soixante et dix cordes,
» donnant du levant à aultre lande nommée
» Prat-er-Houët, du midy à aultre parcelle de
» terre à Guillaume Hervé, du couchant à une
» des queues de l'Estang du Fauouëdic et du
» nord à un parc de lande nommé Mané-Kghu
» appartenant à la veuffve Mellou, le tout dans
» la lande nommée Lan bras-en-Orien.

« La grande lande du Fauouëdic donnant du
» levant tout le long de la muraille et enclos
» de Lorien, du midy à la baye de mer qui va
» vers le Moullin du Fauouëdic, du couchant
» au chemin du dict Fauouëdic au grand Moul-
» lin et du nord à une parcelle ou parc de lande
» nommée Parc-er-Faouët-ar-Ouarem, appar-
» tenant au nommé Le Discot et consorts, le
» fossé entre deux estant à la dicte lande du
» Baouëdic, la dicte lande ayant quantité de
» palluts à ses deux bouts.

« Une ruyne de fuye ayant encore quatre
» pieds de hault estant dans la ditte grande
» lande du Fauouëdic.

» Un banc et accoudouer dans l'église pa-
» roisse de Pleumeur estant en l'endroit où est
» à présent le ballustre du chœur.

« Le tout des terres et héritages cy-devant
» describés, possédés à tiltre de ferme soubs le
» dict seigneur déclarant par Guillaume Le
» Chatton pour en payer par chacun an soixante
» et dix livres en argent, huict perrées de fro-
» ment, huict perrées de seigle et quatre perrées
» d'avoine, mesure de Hennebond.

« Le Moullin à mer du dict lieu du Faouëdic-
» Lisvi avec son distroit et moulteaux, byay,
» chaussée et estang contenant en fonds sept
» journeaux et trois quarts y compris les pas-
» tures y estant à présent défrichées à tiltre de
» ferme par Jan Le Pellerin pour en payer par
» chacun an vingt cinq perrées de seigle et
» vingt cinq perrées de froment, le tout mesure
» d'Hennebond.

« LORIENT. — Deux maisons avec leurs jar-
» dins sittuées proche de Lorient, en la paroisse
» de Pleumeur possédées à tiltre de convenant
» et domaine congéable par Yves Bilzic et fem-
» me pour en payer par chacun an et terme de
» Saint-Gilles de rente convenanciere la somme
» de six livres subject à cour et moullin, le tout
» contenant en fonds vingt cordes.

« *Au dict lieu*. — Une aultre maison et jardin sittuée près le dict lieu de Lorient, possédée à pareil tiltre de domaine congéable par Jeanne Le Bras veuffve de défunct Guillaume Campion pour en payer de rente convenancière par chacun dict an et terme de Saint-Gilles, la somme de six livres, subject à cour et Moullin, ladite maison et jardin contenant en fonds neuf cordes et demye.

« *Au dict lieu*. — Aultre maison possédée au même tiltre par Yves Le Pichon pour en payer de rente convenancière par chacun dict an et terme de Saint-Gilles, neuf livres en argent subject à cour et moullin, contenant en fonds soubs maison et jardin huict cordes et demye. »

Suit le dénombrement des terres de la Seigneurie de Faouëdic dépendant du village de Kerveraut et qui forment cinq petites tenues à domaine congéable faisant ensemble une contenance d'environ cinquante journaux, non compris les communs, et toutes les autres dépendances du Faouëdic situées dans la paroisse de Plœmeur et à l'Ile de Groix, aux villages de Kerlen-Sahsoye, Kerascoët, Le Fos, Kerfichant-Ihuel, Saint-Armel, Calazvin, Kerlivio, Kerbernez, le Moustoir-Berhiet, au bourg de Plœmeur, au bourg de Locmaria-Sainte-Anne, Kergourant, Kerlouëdan, Kervenanec, Moustoir-Saint-Phelan, Kervam, Lomeller, Kerhello-Floch, Keramzec, Kermarhic, Persello, Kernel, Keroman, au bourg de Larmor; et en l'ile de Groix, aux villages de Querhellou, Loctudy, Moustoiro et Portudy. « toutes lesquelles rentes situées en la dicte Ile « de Groix doublent tous les trois ans. »

L'aveu se termine ainsi :

« Les dicts droits escheus et adveneus au dict
» sieur de Keranguen de la succession de def-
» funct escuyer Thomas Dondel sieur de Bran-
» gollo son père, qui les avait acquis judiciel-
» lement aux requestes de Palays à Rennes,
» lors de la vente quy en fuct faict et des aultres
» hérittages dépendants de la succession bénef-
» ficiaire de défunct messire Pierre de Jégado,
» vivant, seigneur de Kerhollain, sur aultre
» messire Pierre Poullain seigneur du Poullo,
» le quinziesme Juillet 1667....

« Sur lesquels hérittages, le dict sieur de
» Keranguen a dict et déclaré n'avoir cognois-
» sance qu'il soit due aucune rente ny chéffrente
» à la dicte dame princesse de Guémené, et
» tenir le tout prochement, ligement, noble-
» ment à debvoir de foy, hommage, ventes et
» lods, quand le cas y eschet, sans rachapt à

» cause de sa terre et seigneurie de la Roche-
» moysan et Treizfaven, aux jurisdictions des-
» quelles seigneuryes il déclare se soubmettre
» mesme aux autres charges et debvoirs de fieff,
» le tout aux termes de la coustume. » *Sur une copie signée Cornic, notaire.*

Nous avons tenu à donner le détail de la terre du Faouëdic qui forme avec le village de Kerveraut, placé à peu près au centre de cette terre, tout le sol de la ville de Lorient, une partie de celui de l'arsenal et toute la partie extérieure de la ville jusqu'à la gare du chemin de fer d'une manière presque exacte ; cet aveu donne la description la plus complète que nous ayons jusqu'à présent de l'état de ce territoire à l'arrivée de la Compagnie des Indes. Son étendue est-elle entièrement celle qui échut aux héritiers de Pierre de Jégado? Une portion de la lande du Faouëdic n'était-elle par enclavée à cette époque de 1681, par les murailles de la Compagnie des Indes; et si une concession a été faite dans l'intervalle de 1667 à 1681, de quoi se composait-elle?

Toutes ces questions controversées restent sans solution, faute de preuves.

On suppose généralement une concession de terrain à la Compagnie des Indes dès l'origine des chantiers au Faouëdic, et cette opinion est fondée principalemeut sur l'article 424 de l'aveu rendu au Roi par Anne de Rohan princesse de Guémené, le 13 Décembre 1683.

Cet article est ainsi conçu :

« Le lieu nommé *Loriant* clos et enceint de
» murailles, pour le service de la Compagnie
» des Indes orientales, dans laquelle enceinte il
» y a chapelle, maisons et jardins des directeurs,
» officiers et manœuvriers, magasins, poudre-
» rie, corderie, four à biscuits, moulin à vent,
» forges, bois de haute futaye, avec leurs
» appartenances et dépendances. »

Si l'enclos de Lorient, celui de 1681, beaucoup moins étendu qu'aujourd'hui, n'avait compris que des parties du domaine du Roi, concédées à la Compagnie par l'édit de Fontainebleau du mois de juin 1666, c'est à dire les terres vagues baignées par les plus hautes marées, augmentées de la largeur réglementaire de 24 pieds, il semblerait que la compagnie des Indes, étant aux droits du Roi, n'avait pas à reconnaître la supériorité féodale de la Principauté de Guémené; et, celle-ci, de son côté, ne pouvait être tenue de rendre hommage au Roi d'un domaine qui ne relevait pas de son fief. Si le contraire a été suivi dans l'aveu de 1683, c'est que l'enclos de la Compagnie comprenait d'autres superficies que celles concédées par le Roi : ce qui ne pourrait s'expliquer que par une concession des propriétaires du Faouëdic.

Nous adoptons volontiers cette opinion, tout en faisant remarquer, qu'en mille circonstances, les représentants des diverses compagnies qui se sont succédées dans la propriété de l'enclos de Lorient, se sont constamment opposés à l'action de l'autorité des juridictions de la principauté de Guémené sur le territoire de l'enceinte primitive ; et que, d'un autre côté, la principauté de Guémené a toujours revendiqué la propriété des terres vaines et vagues de la rivière du Scorff.

On voit par le grand nombre de villlages de Plœmeur et de l'Ile de Groix relevant du Faouëdic, l'importance de cette seigneurie ; il paraitrait cependant qu'elle fut plus importante autrefois. En effet dans l'obligation du 29 Avril 1653, déjà citée, Pierre de Jégado hypothèque sa terre du Faouëdic-Lisivy située dans la paroisse de Plœmeur *et autres circonvoisines* ; d'autres actes, et notamment un aveu du fief de la Saudraie rendu au Roi, le 29 novembre 1519, par Jean de la Saudraie, après la mort de son père Charles

de la Saudraie, font mention de terres a
del et en Quéven appartenant au sieu
Lisivy , aux villages de Kergavalan et de l
an-Ster.

PRESQU'ILE DU FAOUËDIC-LISIVY.

MANOIR. MÉTAIRIE. MOULIN. COLOMBIER.

BUTTE-FÉODALE. FORT DU MÉZY.

LE CLOISTRE.

D'après la description de l'aveu de 1684, dont nous avons reproduit la partie la plus importante, l'état de la presqu'île du Faouëdic était bien modeste. En fait d'édifices il s'y trouvait le *lieu et manoir noble du Faouëdic*, les ruines d'un colombier, *les vestiges d'un vieux château nommé Le Cloistre*, un moulin à mer, et un hameau, celui de Kerveraut.

Sur ce territoire se voyait en outre autrefois une Motte féodale, sorte de monument très-ancien, composé simplement d'une butte artificielle au pied de laquelle, à certaines époques, les seigneurs assemblaient leurs vassaux, et qui est, dans le langage vulgaire, désigné sous les noms bizarres de *Motte à Madame, Butte à Madame, Quenouille à Madame, Fuseau à Madame.* L'existence d'une Motte féodale sur la seigneurie du Faouëdic est mentionnée dans une sentence de la juridiction de Lorient du 30 Janvier 1740, rendue entre les sieurs Cornec et Bourge.

De tous les édifices que nous venons de citer, le territoire de Lorient a été tellement transformé, qu'à part le moulin à mer, il est difficile d'indiquer aujourd'hui l'emplacement qu'ils occupaient; et, c'est tellement vrai, que s'il arrive de rechercher où se trouvait autrefois le Manoir du Faouëdic, la Chronique Lorientaise en main, on s'arrête sur un point distant de 4 à 500 mètres de la véritable position.

Les expressions de l'aveu de 1681 : *le lieu et Manoir noble du Faouëdic-Lisivy*, s'appliquaient à un corps de bâtiments d'une Métairie et non à une maison de Gentilhomme, à un Manoir proprement dit. Du Manoir qui avait existé du temps de François de Lisivy qui y habitait vers 1555 ainsi que nous l'avons remarqué, il n'existait que des ruines. L'emplacement de ce Manoir est généralement fixé au lieu actuellement connu sous le nom du Blanc, coupé aujourd'hui par le Pont tubulaire du chemin de fer, et cette erreur vient d'être récemment consacrée par l'auteur de la Chronique Lorientaise. (1).

Comme le Manoir du Faouëdic est le point le

---

(1) Voyez la Chronique Lorientaise, page 118.

plus intéressant à faire connaître de ce territoire si pauvre en quoi que ce soit de remarquable, attachons-nous à en préciser l'emplacement ; et, pour y arriver, détruisons l'erreur commune qui s'y rapporte. Pour cela, on nous permettra d'entrer dans le détail d'une fastidieuse discussion.

Dans l'opinion générale, avons-nous dit, le lieu appelé *Le Blanc*, et anciennement le *Bois du Blanc*, à l'extrémité nord-est du territoire du Faouëdic, sur les bords du Scorff, occuperait l'emplacement du Manoir du Faouëdic ; et le jardin qui y existe en serait une ancienne dépendance. A l'appui de cette assertion ou invoque la tradition, d'anciennes cartes, et enfin les vieilles murailles du jardin et leur respectable manteau de lierre.

De vieux lierres, des murs délabrés, cent cinquante ans et plus suffisent sans doute pour ruiner ceux-ci et étendre largement les ramifications de ceux-là. Ce qu'il est facile de prouver par titres authentiques, c'est que l'origine des établissements du Blanc, ne remonte qu'à l'année 1699.

On n'a pas oublié que Pierre Dondel, sieur de Kanguen, succéda en 1681 à son père Thomas Dondel, sieur de Brangolo, dans la seigneurie du Faouëdic.

En 1699, la Compagnie de l'*Isle et Costes de Saint-Domingue* voulut, comme la Compagnie des Indes Orientales, établir ses chantiers, ses magasins, ses calles de constructions sur les rives du Scorff. La côte du Faouëdic, voisine de l'Enclos de Lorient, également sur la rive droite, lui parut des plus favorable, et bientôt elle obtint de Pierre Dondel, la cession de toute cette partie du territoire du Faouëdic, qui se trouve à droite du Cours Chazelles en sortant de la ville, jusqu'à la mer. Nicolas de Charmoys, mandataire de la Compagnie de Saint-Domingue, traita pour le prix de sept mille livres tournois, par acte passé devant les notaires d'Hennebont le 16 Juin 1699. Voici les débornements et la description de ce territoire porté pour une contenance de quarante journaux de bois taillis et de haute futaie, terres, prés et landes :

« Le bois tailliff du lieu et terre noble du
» Faouëdic, le fonds du bois de haute futaye
» (les arbres furent réservés) de la dite terre et
» de trois pièces de terre, landes et pastures
» estant joignant le dict bois de haute futaye,
» avec trois journaux soixante-huit cordes de
» terre sous labour qui sont au nord du dit
» bois de haute futaye......... donnant le dit
» bois tailliff vers le levant et le nord sur la

» rivière de Pont-Scorff, vers le midy sur les pa-
» luts dépendant de la dite terre du Faouëdic....»

Le 21 Octobre suivant, Nicolas de Charmoys,
directeur de la Compagnie de Saint-Domingue à Lorient, très-probablement, passe un
marché avec un sieur Yves Cormier et plusieurs
autres marchands de bois d'Hennebont, associés,
*pour la fourniture des bois pour les bâtiments
que feront construire MM. de la nouvelle Compagnie de l'Isle et Costes de Saint-Domingue*
DANS LE BOIS DU FAOUËDIC : un acte au rapport de
Hervé notaire à Hennebont du 19 Novembre,
suivant rappelle l'objet et les conditions de ce
marché, dont nous n'avons pas trouvé le texte.

Le 6 Avril de l'année 1700, les notaires
d'Hennebont se transportèrent sur le Faouëdic,
pour accomplir les formalités de la prise de possession, au nom de la Compagnie de Saint-
Domingue, des terrains concédés par Dondel le
16 Juin 1699. On lit dans leur procès-verbal de
prise de possession le passage suivant :

« Nous nous sommes exprès transportés jus-
» qu'au lieu du Faouëdic, en la paroisse de Pleu-
» meur et dans les bois tailliffs, grand boys et
» autres terres mentionnées au contrat de vente
» cy-dessus datté (du 16 Juin 1699), acquis par
» ledit sieur de Charmoys dudit seigneur de

» Keranguen, par contrat cy-dessus datté. Où
» estant aurions fait rencontre du dit sieur
» Charmoys et de Jan Prémorain, gardien de la-
» dite Compaignye, *dans les forges nouvelle-*
» *mentconstruites dans le dit bois tailliff.* »

Du rapprochement de ces trois actes, il résulte
d'une manière très-précise, que la concession
faite à la Compagnie de Saint-Domingue était
limitée au nord et à l'est par le Scorff, et au sud
par les palluts (marais, vases), que toute cette
côte était couverte de bois taillis; que dans
cette partie, pas plus que dans le reste de la
concession il est vrai, il n'est fait mention de
Manoir; que les constructions d'ateliers sont
dues à la Compagnie de Saint-Domingue, et
qu'elles étaient nouvellement établies à la date
du 6 Avril 1700, *dans le bois tailliff du Faouëdic*. Si le manoir du Faouëdic, ou seulement son
jardin, avait existé sur cette côte où il n'est ques-
tion que de *bois tailliff*, peut-on supposer que
l'acte de 1699 et le procès-verbal de 1700 n'en
eussent pas fait mention? Non sans doute; et il
faut considérer comme l'œuvre de la Compagnie
de Saint-Domingue, la création des chantiers de
cette partie du territoire du Faouëdic. Et, puisque nous sommes arrêtés sur ce point, faisons
connaître l'origine du nom qui lui est resté.

La fin désastreuse du règne du Grand Roi, les difficultés, les intrigues, les trahisons de la minorité de son successeur devaient troubler les entreprises commerciales, qui ne peuvent pros pérer qu'à l'ombre de la paix. La Compagnie de Saint-Domingue, naissante à cette époque, languit pendant quelques années, puis elle s'éteignit, et on procéda à la vente de ses propriétés. Le 24 Janvier 1716, les liquidateurs de cette Compagnie vendirent par acte de Goudin notaire à Paris, (1) à noble homme Joseph Le Blanc, officier de marine, « Quarante journaux et » demy de terre en plusieurs pièces, sittuées au » lieu et terre noble du Faouëdic, en la paróis- » se de Plœmeur, proche Lorient, déclarés par » tenants et aboutissants par le contrat d'acqui- » sition qu'en a fait maître Nicolas de Charmoys » stipulant pour ladite Compagnie, de Pierre » Dondel, escuyer seigneur de Keranguen, le » Faouëdic, Kergonano et autres lieux........ »
Par l'acte de vente de 1716, Joseph Le Blanc devenait acquéreur de tout le terrain concédé à la Compagnie de Saint-Domingue en 1699; mais

(1) Mathieu Goudin notaire à Paris, de 1704 à 1730. — nous n'avons pu obtenir communication de l'acte du 24 Janvier 1716 de la part de M. Fouché notaire à Paris, rue de Provence, n° 56, détenteur des minutes de M. Mathieu Goudin, *ne pouvant justifier d'un intérêt personnel dans la propriété du Blanc.*

aussi de tous les ateliers et des calles que cette Compagnie avait dû construire. Nous ne connaissons, malheureusement, la vente du **24 Janvier 1716**, que par un procès-verbal d'appropriement de la sénéchaussée d'Hennebont, du **1er** Octobre suivant; autrement, il est probable que nous eussions eu l'état exact de cette partie du Faouëdic au sortir des mains de la compagnie de Saint-Domingue, et la preuve que les maisons, magasins et jardins, admis comme composant l'ancien Manoir du Faouëdic, sont tout simplement les édifices de l'établissement créé par elle dans le bois taillis de 1699.

Voilà donc Joseph Le Blanc en possession d'un vaste terrain, d'un chantier de constructions navales, d'ateliers et de la maison des directeurs de la Compagnie, le tout à vil prix: pour **5600** livres seulement! Mais que fit-il de tout cela? Ajouta-t-il quelque chose, changea-t-il l'état de sa propriété? Nous l'ignorons. Tout ce qui est appris, c'est que Le Blanc ne garda pas longtemps cette propriété, et que, malgré une courte possession, son nom lui est demeuré (1).

Des mains de Le Blanc cette partie du Faouëdic passa en celles de la Compagnie des Indes Orientales, et pour la seconde fois elle dut

---

(1) Joseph Le Blanc mourut le 30 Juillet 1734 et fut inhumé

espérer d'aussi brillantes destinées que celles de la grande lande voisine. En effet, une nouvelle Compagnie des Indes s'était formée sur les ruines de tant d'autres de même nature ; Compagnies de Chine, de Saint-Domingue, du Canada, de Guinée, du Sénégal, de l'Assiente: c'était la grande Compagnie des Indes. Parvenue dès 1733 à un immense développement, elle se sentit à l'étroit dans son établissement de France, l'enclos de Lorient, et forma le projet d'étendre son arsenal sur la partie du territoire du Faouëdic appartenant à Le Blanc, pour relier le tout par des digues et des travaux de dessèchement sur les vastes marais séparant les deux parties. Nous n'avons pu trouver l'acte d'acquisition de la Compagnie des Indes, mais nous savons qu'elle ne prit pas possession de la terre du Blanc, le prince de Guémené, seigneur de Trefaven dont relevait Le Faouëdic, ainsi que nous l'avons déjà dit, ayant immédiatement exercé son droit de seigneur de fief par le *retrait féodal* (1).

---

dans l'église de Saint-Louis de Lorient. Il ne laissa pas d'enfants de son mariage avec Marguerite Le Masson. Le Blanc est fréquemment qualifié d'officier de marine et d'ancien Consul de France, dans des titres que nous avons lus.

(1) Sentence de la sénéchaussée d'Hennebont de 1735, mentionnée dans un acte de la même date, mais que nous n'avons pas retrouvée.

Nous n'avons pas l'intention de faire ici l'histoire complète du chantier du Faouëdic, et nous nous sommes déjà bien longtemps éloigné de notre sujet principal ; cependant, avant d'y retourner, qu'on nous permette d'exprimer notre opinion sur l'influence exercée sur le développement de la ville et de l'arsenal de Lorient, par le retrait féodal du chantier du Faouëdic obtenu par le prince de Guémené contre la Compagnie des Indes.

A l'époque où ceci se passait, c'est-à-dire en 1733, Lorient était dans la période la plus importante de sa création. Au dedans et au dehors de l'enclos de la Compagnie des Indes, on voyait la plus grande activité. D'un côté, c'étaient de magnifiques flottes qu'on équipait, des magasins, des édifices admirables, tels que ceux de la cour des ventes, que l'on fondait ; de l'autre côté des mêmes murailles, c'étaient des soins, des travaux tout aussi actifs quoique plus modestes et d'une toute autre nature. Semblable à un navire dans lequel on aurait embarqué à la fois l'équipage et le matériel, on s'occupait sur cette lande de 1667, du gréement du navire et de l'organisation de l'équipage : Lorient, la bourgade de 1700, était à la veille de voir paraître l'édit qui devait l'ériger en ville et lui donner le droit de se faire représenter aux États de la province.

A ce moment de grande fermentation, que fut-il arrivé des chantiers du Blanc entre les mains de la Compagnie des Indes? L'établissement, sur ce point, des ateliers et des calles que, vingt ans plus tard, elle se vit obligée de créer vis-à-vis (1); et autour de ce nouvel enclos, de ces nouveaux chantiers, la population ouvrière, puis les cabaretiers, les logeurs, les marchands, n'eussent pas manqué de se grouper. Un faubourg devenait ainsi la conséquence de cet état de choses; et, dans le tracé des fortifications de la ville et de l'arsenal, on eut été obligé quelques années plus tard d'en tenir compte, pour protéger, sinon le faubourg du moins cette succursale de l'enclos de la Compagnie. Et ce n'est pas tout. Le commerce local de Lorient, qui a souffert si longtemps, à défaut de port particulier, de l'obligation de charger et décharger ses navires en pleine rade, trouvant place à côté de la Compagnie des Indes sur les rives du Scorff, n'eut pas dès cette époque formé le projet, réalisé récemment seulement, de créer à prix d'or le port de commerce que nous connaissons: création insuffisante pour un commerce maritime

---

(1) Le chantier de Caudan n'a été établi qu'en 1755.

sérieux, et dont l'effet le plus réel a été d'embellir la ville.

Ainsi vont les choses : un fait bien insignifiant en apparence a changé le courant du développement de l'arsenal et de la ville de Lorient.

Mais revenons à notre Manoir.

Il était naturel de rechercher à l'aide de l'aveu de 1681, la position du Manoir du Faouëdic. D'un autre côté, l'aveu se tait sur l'existence d'une métairie du Faouëdic, et ne fait mention que du métayer seulement. C'est à l'aide de documents de dates plus récentes que l'on peut constater l'existence séparée des deux, le Manoir et la métairie, et déterminer leur position.

Le 20 Mars 1708, monseigneur d'Argouges, évêque de Vannes, dressa un procès-verbal de débornement du territoire qu'il détachait de la paroisse de Plœmeur, pour en former la nouvelle paroisse de Saint-Louis de Lorient. Un plan des lieux fut annexé à ce procès-verbal, mais ce précieux travail n'a pu être retrouvé. Nous extrayons, pour le besoin de nos recherches, le passage suivant :

« .... Et nous étant transporté (dit
» l'évêque) dans plusieurs endroits du lieu
» de Lorient, avons remarqué qu'il est entouré
» de la mer en manière de presqu'île, à prendre

» du côté du nord et continuant vers le levant,
» le midi jusqu'au moulin à eau du Faouëdic,
» du côté du couchant; de sorte qu'il y a pour le
» moins les quatre cinquièmes du circuit de
» Lorient mouillés de la mer, et l'autre cin-
» quième est le terrain par où passe le chemin
» qui conduit à Hennebont par le passage de
» Saint-Christophe qui renferme tout le village
» de Kerverot et qui s'étend jusqu'au moulin
» du Faouëdic exclusivement; le tout ensui-
» vant le plan qui nous a été représenté du dit
» lieu de Lorient, daté du dernier Novembre
» 1706, fait et signé du sieur Roblain, ingé-
» nieur, approuvé et dressé par ordre de la
» Cour, lequel plan nous fait connaître que le
» dit lieu de Lorient contient environ six cent
» cinquante toises de longueur, à prendre
» depuis la pointe où est le fort du Mézy,
» jusqu'au chemin d'Hennebont qui conduit
» au passage de Saint-Christophe, vis-à-vis la
» fontaine du Faouëdic; et de largeur, il contient
» par endroit, environ trois cents toises, en
» prenant depuis le commencement de la mu-
» raille qui forme l'enclos de Lorient, pour le
» séparer des autres maisons qui sont au dehors,
» qui continuent jusqu'à la fin; par autre
» endroit, contient environ deux cent trente

» toises, à prendre depuis la maison du sieur
» Perdriel, du côté du midi au joignant de la
» mer, jusqu'au terrain du sieur Marchant, qui
» est du côté du nord, aussi joignant la mer (1),
» et encore par autre endroit, contient trois
» cent vingt toises à prendre depuis le moulin
» à eau du Faouëdic, du côté du midi, jusqu'aux
» maisons du sieur Rodrigue, proche la fontaine
» susdite du Faouëdic, qui est proche l'ancien
» manoir du Faouëdic du côté du nord. Dans
» tout lequel terrain est compris et enfermé,
» suivant le dit plan, tout le village de Ker-
» verot, qui est entre l'étang du Faouëdic et le
» chemin d'Hennebont. (Signé) : F. d'Argouges,
» évêque de Vannes ; J. Blays, promoteur de
» l'officialité de Vannes ; Marchant ; V⁺ Perrodo ;
» Boulay ; N. Léger ; Allanno, greffier. » *(Ar-*
chives de la mairie de Lorient.) (2)

Avec le plan des lieux de l'ingénieur Roblain,

---

(1) La maison Perdriel existe encore, c'est celle qui fait l'angle des rues d'Orléans et de la Comédie, en face de la maison Besné. Le terrain Marchant est occupé aujourd'hui par le tribunal civil et il s'étendait depuis le chemin du Faouëdic rue de l'Hôpital actuelle), jusqu'à la rue d'Orléans. Vendu par Marchant au premier directeur de la nouvelle Compagnie des Indes de 1719, M. de Rigby, il fut revendu à la mort de ce directeur, en 1785, et devint la propriété du prince de Guémené qui, pour la première fois, vint exercer à Lorient le retrait féodal.

(2) L'original de ce document important et le plan des lieux, plus important encore, déposés à l'époque au secrétariat de l'évêché de Vannes, doivent se retrouver à la préfecture du Morbihan où furent transférées les anciennes archives de l'évêché en 1791.

une discussion pour reconnaître l'ancien manoir, du Faouëdic deviendrait inutile, puisqu'il forme, pour ainsi dire, avec la fontaine du même nom, un des points de repères pris par l'évêque d'Argouges. Mais à défaut de ce plan, la fontaine, dont chacun connaît la position, est un élément précieux pour guider nos recherches. Le procès-verbal de 1708 cite deux fois la fontaine du Faouëdic. « Depuis la pointe où » est le fort du Mézy, jusqu'au chemin d'Hen- » nebont qui conduit au passage de Saint- » Christophe, *vis-à-vis de la fontaine du* » *Faouëdic,* » lit-on dans un endroit; et ailleurs: » *proche la fontaine du Faouëdic qui est* » *proche l'ancien manoir du Faouëdic.* »

Ces expressions sont précises : *L'ancien ma- noir du Faouëdic était proche la fontaine du Faouëdic;* il n'était donc pas situé au lieu actuel du Blanc, distant de la fontaine du Faouëdic de 4 à 500 mètres.

Chacun connaît la fontaine du Faouëdic, avons-nous dit; mais ce que quelques personnes pourraient ignorer, c'est que jusqu'en 1744, commencement des travaux de l'enceinte de la ville, l'entrée de Lorient se faisait par l'extrémité de la rue de l'Hôpital, qui porta longtemps le nom de rue du Faouëdic.

Pour l'intelligence des énonciations du procès-verbal de 1708, si on prolonge, sur un plan quelconque de Lorient, cette rue du Faouëdic, au nord, on rencontre un peu sur la droite la fontaine en question, et on se trouve, comme dans le procès-verbal de 1708, *sur le chemin d'Hennebont qui conduit au passage de Saint-Christophe, vis-à-vis la fontaine du Faouëdic.*

Il n'y a qu'un pas à faire pour entrer dans le manoir du Faouëdic, mais c'est le plus difficile, puisqu'autour de la fontaine on ne se reconnaît plus, tout ayant été remué, bouleversé, transformé par suite de l'établissement des fortifications au pied desquelles elle est placée. Nous trouvons heureusement dans un acte de 1735 et dans le cadastre de Lorient, le moyen de sortir d'incertitude.

On se souvient qu'en 1735 le prince de Guémené devint possesseur des terres primitivement vendues par Dondel à la Compagnie de Saint-Domingue. Le 26 mai 1735, par acte de Bellondeau, notaire des juridictions de Pont-Scorff et de Lorient, le prince Constantin de Rohan, tuteur du prince de Guémené, « bailla » et délaissa, à titre de domaine congéable, à » honorable homme Jean Blanchart, demeurant » au bourg de Baud, deux pièces de terre

» chaude se joignant, contenant sous fonds six
» journaux trois quarts. La première pièce de
» terre appelée *Parc du Manoir du Faouëdic,*
» *contenant un total de quatre journaux qua-*
» *torze cordes, desquels mon dit seigneur prince*
» *se réserve les vingt-huit cordes faisant la*
» *pointe qui donne sur le chemin qui conduit*
» *de la ville de Lorient au dit Faouëdic, sous*
» *pâtures et genêts, sur lesquelles vingt-huit*
» *cordes sont les vestiges de la dite maison*
» *noble du Faouëdic ;* le surplus de la dite
» pièce de terre, contenant trois journaux soi-
» xante-seize cordes, tenant du levant an bois
» du Faouëdic, du midy et par le haut à un pré
» appartenant aussi à mon dit seigneur prince ;
» *et par le bas, du même côté du midy, aux*
» *vingt-huit cordes ci-dessus réservées,* du cou-
» chant aux prés dépendant de la métairie du
» Faouëdic, appartenant à Monsieur Dondel... »

Les termes de cett. baillée s'accordent avec
le procès-verbal de 1708. Celui-ci place la
fontaine du Faouëdic, vis-à-vis du chemin de
Lorient au passage de Saint-Christophe, et
proche l'ancien manoir du Faouëdic, le tout
au nord du chemin de Lorient ; la baillée de
1735 ne parle pas de la fontaine, mais elle dit
positivement que les vestiges du manoir sont

situés dans un terrain *faisant la pointe qui donne sur le chemin qui conduit de Lorient au Faouëdic par le côté du midi.* De son côté le cadastre de Lorient, qui remonte à quarante ans environ, vient clore toute discussion désormais ; il désigne le n° 1224 de la section A, dite de Kerentrech, dont la pointe méridionale s'avance dans la direction de l'ancien chemin de Lorient à Saint-Christophe, situé tout près de la fontaine du Faouëdic, sous le nom de *Jardin du Faouëdic !*

C'est donc dans l'angle de ce jardin qu'il faut fixer l'emplacement du Manoir du Faouëdic-Lisivy, et non au Blanc, qui n'est, nous le répétons, ni *proche la fontaine du Faouëdic,* ni *proche le chemin de Lorient à Saint-Christophe,* mais à une distance de 4 à 500 mètres de ces deux points.

Quant à la dénomination de *Faouëdic* donnée aux établissements de la Compagnie de Saint-Domingue, sur d'anciennes cartes, elle ne détruit pas notre argumentation. Créé dans les bois taillis du Faouëdic, cet établissement dut naturellement être désigné sous le nom du territoire même, jusqu'au jour où un nom de circonstance, comme celui de son propriétaire Le Blanc, vint le remplacer. Dans tous les cas, les cartes, les titres authentiques eux-mêmes sont fréquemment sujets à erreurs, mêmes les plus grossières. Ainsi, justement à propos du Faouëdic, nous avons lu un procès-verbal d'apposition de scellés au *château du Faouëdic*, du 24 Avril 1738, après le décès de Julien Conan, gardien de la poudrière de la Compagnie des Indes. Doublement surpris, puisque nous savions que la poudrièrie de la Compagnie était établie au château de Tréfaven, nous avons eu l'idée de rechercher l'acte de décès de ce Julien Conan du 13 Avril 1738. Cet acte explique tout : le décès avait eu lieu au château de Trévafen, demeure du défunt, qui était effectivement gardien de la poudrière de la Compagnie des Indes : ce qui n'empêche qu'à l'aide d'un procès-verbal de cette force, où le mot château du Faouëdic est répété quatre fois et où l'on place une poudrière, Dieu sait sur quelles erreurs on peut s'engager.

Et maintenant que nous connaissons la position de l'ancien Manoir du Faouët ou du Faouëdic-Lisivy, essayons d'en deviner l'importance. Le premier article de l'aveu de 1681, borne au midi le lieu et Manoir noble du Faouëdic, par *une baie de mer qui passe entre Lorient et la lande de ladite maison jusques à la fontaine.* La mer arrivait donc autrefois à peu près au pied du Manoir. Singulière position dira-t-on pour un Manoir, au bord d'un marais, dans un repli de terrain. Mais dans l'origine de la création du Faouëdic, cette vaste baie aujourd'hui conquise sur la rivière et où s'élèvent de magnifiques magasins de l'arsenal de Lorient, fut probablement plus accessible à la navigation. Les bateaux, remontant ou descendant le Scorff, y attérissaient peut-être encore à l'arrivée de la Compagnie des Indes. Ce qui nous le fait présumer, c'est que MM. Dumaine et de Saint-Pierre, dans le plan primitif de Lorient, *avaient tracé un port dans la partie est de la ville, en creusant à travers les vases qui s'étendaient dans cette direction, un canal pour permettre aux bateaux descendant le Scorff, d'attérir dans cette partie de la ville;* projet qui fut bientôt abandonné par suite de la résolution de la Compagnie des Indes de continuer son enclos jusqu'aux fortifications. (1)

---

(1) « Le procureur du Roi a remon'ré que la Compagnie des
» Indes ayant fait faire un mur qui encerne les vases du côté du
» Faouëdic, et par cette clôture *le canal que l'on devait faire*
» *depuis la pointe ou rocher du bois du Blanc, en traversant*
» *les dites vases, jusques près le four du prince, pour l'abord*
» *des bateaux qui viennent de la rivière de Pont-Scorff se trou-*
» *vant supprimé,* la rue qui devait y abou'ir depuis le dit abord
» coupant en triangle le terrain entre le dit four et la rue du
» Port (aujourd'hui rue du Collége) devient inutile et qu'il
» conviendrait de la supprimer, tant à cause de la perte qu'en
» souffriraient les possesseurs des terrains que de l'embellisse-

C'est ici l'occasion d'attirer l'attention sur un fait consigné dans le troisième volume de preuves de dom Maurice, col. 544.

Le 25 août 1487, le duc de Bretagne François II accorde « le franchissement de tous » fouages pour ceux qui l'ont servi dans ses » navires..... *La Marie du Faouët*, sous Jehan » Perceval; *la Sainte-Elisabeth de Blavez*, capi- » taine Jehan Péron; la Catherine de *Conquet*; » le Jehan de *Brest*; le Mérillon de *Saint-Pôl*; » la Michelle de *Lannion*; la Franczoise de » *Morlaix*; la Marie de *Saint-Brieuc*; la Ju- » lienne de *Saint-Malo*, etc., etc. »

Dans ce dénombrement de navires, que re- marque-t-on? Un nom de navire suivi du nom de l'un des ports de Bretagne; c'est incontestable pour les ports de *Blavez* (le Port-Louis), *le Conquet*, *Brest*, *Saint-Pôl*, *Lannion*, *Morlaix*, *Saint-Brieuc*, *Saint-Malo*, etc., etc.

Le premier navire, nommé la Marie du Faouët,

• ment des rues du Port et du Faouëdic; il priait l'assemblée de • délibérer pour demander la suppression de la dite rue. — Sur • laquelle remontrance la communauté a été d'avis qu'elle serait • envoyée à monseigneur l'Intendant et que Sa Grandeur serait • suppliée d'ordonner la suppression de la dite rue...........• (délibération municipale de Lorient du 18 Juin 1750).—La ville de Lorient regrettera éternellement cette modification du plan de 1735. Le creusement du canal et l'ouverture de la rue eussent apporté la vie dans ce quartier, ignoré des neuf dixièmes de la population Lorientaise.

ferait-il exception à cette règle? Nous ne le
pensons pas. Ce lieu du Faouët, c'est le nôtre,
géographiquement placé près de Blavez comme
dans le titre de dom Morice. Ce port du Faouët
d'autrefois, c'était la baie de mer qui s'avançait
jadis jusqu'au pied du manoir de ce nom ; et si
elle fut fréquentée, on comprendra de quelle
utilité pouvait être, à une époque où l'artillerie
était inconnue, un poste au fond de cette baie,
au point d'atterrage le plus favorable alors pour
pénétrer dans les terres , dans la direction de
Plœmeur, en venant de la rivière d'Hennebont,
depuis l'établissement du moulin à mer du
Faouëdic qui est très-ancien. Comme conséquence de ce raisonnement , le jour où une
batterie de canons, placée à l'extrémité de la
presqu'île, la batterie du Mézy fut construite,
elle fut maîtresse de l'entrée du Scorff ; et on
put se croire , dans cette partie, à l'abri des
écumeurs de mer, qui ne firent jamais défaut
dans les guerres, dans les temps de trouble ;
et ce jour là l'importance de la position du
Faouëdic disparut. C'est ce qui explique, qu'une
fois tombé en ruine, ce manoir ne fut pas relevé.

Que ce soit ce motif ou un autre, toujours
est-il que depuis longtemps le Faouëdic avait
cessé d'être habité de ses propriétaires ; depuis

1555 peut-être, où nous y avons vu Franczoys de Lisivy. Les droits honorifiques des seigneurs de cette maison, dans l'église de Plœmeur, étaient même presque complètement oubliés ; car, si dans l'aveu de 1681 on mentionne le droit à *un banc et accoudouer*, ou ajoute : *estant dans l'endroit où est à présent le ballustre du chœur.*

Il n'y avait donc plus de manoir depuis long-temps ; mais il y avait une métairie du Faouëdic, une métairie noble qui a positivement succédé à la maison noble, et portant après celle-ci le nom de *Manoir du Faouëdic* : ce qui a permis à des membres de la famille Dondel, selon l'usage du temps, de prendre la qualité de *seigneur du Faouëdic,* après avoir vendu le lieu principal de ce fief à la Compagnie de Saint-Domingue. Les bâtiments de cette métairie étaient placés au bord du chemin allant du manoir (près de la fontaine) à Plœmeur, passant par l'Eau courante ; à droite, en quittant le Cours-Chazelle.

Ainsi que le manoir, la métairie du Faouëdic a complètement disparu, on n'en voit, on n'en devine aucune trace. Jusque vers 1755, elle figure encore sur les cartes de ce pays, mais comme elle n'est plus portée sur les cartes d'une date plus récente, on doit supposer que c'est à l'établissement des fortifications de Lorient qu'elle doit sa disparition : cette métairie se trouvait placée, en effet, dans la première ou la deuxième zône de la place.

Le moulin à mer du Faouëdic qui payait annuellement *vingt soubz de rente* au seigneur de Tréfaven, comme l'apprend le compte de Jehan Le Tehouer de 1474, d'une origine bien ancienne conséquemment, existait encore il y a une vingtaine d'années. Il était placé sur la rive gauche du ruisseau du Faouëdic, à gauche de la chaussée de l'étang en se dirigeant vers Plœmeur. La chaussée n'avait pas anciennement la largeur que nous lui voyons aujourd'hui, le passage ne pouvait s'effectuer avec charrettes. Le prix de ferme de vingt-cinq perrées de seigle et vingt-cinq perrées de froment, en 1681, équivalant à 12 ou 1500 francs de notre monnaie actuelle, était considérable ; mais il s'explique par l'étendue des dépendances du Faouëdic, dont les vassaux et tenanciers étaient obligés de faire moudre au moulin du Faouëdic. Ce moulin appartenait à l'évêque de Dol, Jean Dondel, en 1760, et la ville de Lorient eut avec lui quelques difficultés relativement aux réparations de la chaussée qu'on eut voulu laisser entièrement à la charge de l'évêque ; bien injustement, car le mauvais état devait avoir pour principale cause, la circulation bien plus active alors qu'autrefois, depuis la naissance de Lorient qui, pour ses constructions, tira la majeure partie de ses pierres des carrières de *Bec-er-Groix*, aujourd'hui *la Perrière à Colin*.

Nous n'avons pu découvrir sur quelle partie de la lande du Faouëdic se trouvaient *le Colombier*, cité dans l'aveu de 1681, et *la Motte à Madame*, mentionnée dans la sentence de la juridiction de Lorient du 30 janvier 1740, entre Cornec et Bourge. Jusqu'à plus amples renseignements, nous placerons ces deux édifices féodaux sur la partie élevée de cette lande occupée actuellement par l'hospice civil.

Nous arrivons à un passage déjà cité de l'aveu de 1681, sur lequel nous appelons l'attention des archéologues :

« Le chasteau nommé Le Cloistre, compris » sa douve, contient quarante-huit cordes de » fonds. Donnant du levant à la pièce de terre » nommée Loperennel, du midy sur Parc Ster » à Guillaume Hervé, et du nord sur le chemin » du Faouëdic à Plœmeur. »

Avant d'avoir eu communication de l'aveu de 1681, nous avions remarqué, dans nos promenades autour de la ville, la disposition toute particulière d'une pièce de terre, située tout près du Lavoir de l'Eau-courante. Malgré son état de terrain cultivé, et l'aplanissement de toute cette partie du voisinage des fortifications, on peut encore reconnaître un vaste parallélogramme de soixante mètres de long sur environ cinquante de large, creux au centre, relevé sur ses bords. La lecture de l'aveu fut une révélation : ce vaste parallélogramme n'est autre chose que l'emplacement de *l'ancien château nommé Le Cloistre ;* sa contenance et ses débornements répondent à ceux de 1681 ; et le plan cadastral de Lorient lui conserve le nom de *Le Cloistre.* (N° 1204 de la section A de Kerentrech.)

C'est tout ce que nous connaissons sur ce château. Sa haute antiquité ne peut faire un doute ; il dut être en ruine à l'époque de la construction du moulin du Faouëdic, dont la chaussée a intercepté l'accès des barques jusqu'au fond de cette baie, c'est-à-dire l'accès par mer du château du Cloistre, placé à la queue de l'étang du Faouëdic. Bien qu'il y ait plus d'un monastère fortifié, bien que l'on ait pu accoler l'un à l'autre ces deux noms de signification si contraire, de château et de cloistre ; cependant, nous n'avons pas pensé que l'on dût se reporter à un établissement monastique dans ces lieux, malgré le nom de *Moustoir-Saint-Phélan* que porte un village voisin. Le mot Cloistre, du latin Claustrum, n'a conservé dans le français que le sens de monastère; mais dans le latin il pouvait signifier *place forte*, *lieu fortifié* ; et, en lui reconnaissant cette signification, on trouve toute naturelle l'adjonction de ces deux mots : *le château le cloistre*, qui à nos yeux auraient ici le même sens.

Si on n'a pas oublié notre prétention, au commencement de cette notice, de faire dériver le mot *Faouët*, du latin *fovere*, par *fovetum*, *fossé : retranchement*, on sera frappé de ce nouvel exemple de mot latin conservé depuis les temps les plus éloignés sur la presqu'île du Faouëdic ; de cette rencontre de deux expressions du langage militaire Romain, sur un même point ; et si on ne peut regarder encore comme prouvé que ce territoire de Lorient fut jadis un des points de l'occupation Romaine, on ne pourra se défendre d'une forte présomption à cet égard, surtout en remarquant que tout près de Lorient existe un ancien manoir du nom de Keroman.

Des fouilles pratiquées sur l'emplacement du château du Cloistre, tireraient l'archéologue de l'incertitude : il saurait à quelle époque en faire remonter l'origine, à quel peuple en attribuer la construction.

Puisque nous nous arrêtons à la possibilité d'une occupation romaine sur le territoire de Lorient, donnons à cette hypothèse de nouvelles forces s'il est possible.

En face de la pointe du Blanc, de l'autre côté du Scorff, sur le territoire du village de Kergoano, nous croyons avoir remarqué un tronçon de voie romaine courant de l'est à l'ouest, arrivant dans la direction de la baie du Scorff aujourd'hui remplie des bois de réserve de la marine impériale. En prolongeant par la pensée cette voie dans la direction de l'est, on traverse le Blavet au passage du Bon-homme, et sur la rive gauche de cette rivière, on remarque sur la carte d'État-Major, tout près du passage, un lieu nommé tout simplement Château. De là, suivant toujours la même direction, on trouve, non loin de Landévant, la route romaine venant de Vannes, dont M. Croizer a perdu les traces sur les terres de Coët-Rival; peut-être parce qu'il était plein de l'idée, qu'une voie partant de Vannes ne pouvait se diriger que sur Hennebont, pour le passage du Blavet, pour continuer vers le Finis-tère, en passant par Pont-Scorff; ou bien sur

Blavet (Port-Louis, pour desservir une station romaine (1).

Les voies romaines suivaient autant que possible la ligne droite, et pour se rendre de Landévant à Hennebont rien n'obligeait à obliquer vers le sud. En suivant en droite ligne la direction de la voie, nous pensons qu'on doit la retrouver au-delà de Coët-Rival se portant sur le Blavet aux environs du passage du Bonhomme, et traversant la commune de Kervignac, sur laquelle elle rencontrait peut-être un lieu du nom de *Claustro*, ou un autre nommé *Keroman*, deux villages de Kervignac.

Le Blavet et le Scorff traversés, le premier au Bonhomme, le second au Faouëdic, cette voie continuait peut-être à longer la côte par les paroisses de Plœmeur et de Guidel, suivant ainsi le littoral jusqu'à l'extrémité de la presqu'île Armoricaine, comme l'indiquent certains géographes.

---

(1) « La voie romaine de Vannes à Hennebont, se dirigeant « sur Quimper, est reconnue de la manière la plus exacte depuis « Vannes jusqu'à une petite lieue avant d'arriver à Hennebont. « M. Croizer l'a suivie en la traçant géométriquement sur les « calques du cadastre. *De là jusqu'à Quimperlé, elle est à* « *retrouver......* » (M. Bizeul au congrès scientifique de Rennes, septembre 1849.) Pour retrouver ce tronçon de voie, il faudrait peut-être explorer Plœmeur et Guidel. Dans cette dernière commune, on remarque un village portant le nom très-significatif de *La Couarde*, comme à Nostang et à Castennec.

Pour terminer cette exploration du territoire du Faouëdic, voici en résumé quel était son aspect général à l'arrivée de la Compagnie des Indes.

La seigneurie du Faouëdic s'étendait du nord au sud sur une longueur d'environ 1600 mètres, à partir du chemin nouvellement établi pour aller à la gare des marchandises, jusqu'à l'extrémité de la presqu'île. Au nord, elle s'étendait de l'est à l'ouest depuis la petite baie en amont du Blanc, derrière le nouveau village nommé la Ville-en-Bois, jusqu'au nouveau chemin du cimetière de Kerentrech, à la hauteur des lavoirs de l'Eau-courante.

Les grandes marées s'avançaient dans cette direction tout près de la chaussée de l'Eau-courante; et, à gauche de cette chaussée, en descendant le ruisseau, on voyait les ruines de l'ancien château du Cloistre. Au point de section du cours Chazelles par le chemin de la Villeneuve, étaient placés les bâtiments de la métairie du Faouëdic, faisant face au midi. Un chemin passait devant cette ferme, venant du manoir, sur la gauche, pour se diriger vers Plœmeur par l'Eau-courante, sur la droite.

Ce chemin existe encore. En face de la métairie, à environ 600 mètres de distance, était
situé le village de Kerverot, formé de six à sept
petites tenues, peuplé d'habitants à la fois ma-
rins et cultivateurs. Le centre de Kerverot était
dans le quartier actuel de Lorient borné par les
rues des Remparts, de Clisson, Ducouëdic et
de Fénélon. A gauche de Kerverot, au fond
d'une vaste baie et dans un repli de terrain,
se voyaient les ruines du manoir du Faouëdic
près desquelles coulait la fontaine de ce nom.
A gauche encore et plus près de Kerverot,
sur une lande où existent maintenant les bàti-
ments de l'Hospice civil, se trouvaient les ruines
d'un Colombier, et une Motte féodale, assez semblable à un tumulus. Au-delà de la fontaine et
du Manoir, toute la partie Est de ce territoire
était couverte de bois taillis sur les bords du
Scorff, et le centre était couronné d'un bois de
haute-futaie. A droite de Kerverot on voyait le
vieux moulin à mer du Faouëdic.

Les terres cultivées de Kerverot avaient peu
d'importance dans l'enceinte actuelle de Lorient.
Elles ne s'étendaient pas à l'est, au delà de la
place du Morbihan ; au sud, au delà du carre-
four des rues d'Orléans et de Turenne ; à l'ouest,
au delà de l'extrémité de la rue Duguesclin:

tout le surplus du territoire de Lorient ne formait qu'une vaste lande, *la grande lande du Faouëdic*, dont l'extrémité méridionale se terminait par une colline. Un petit bois existait autour de cette colline; et, à ses pieds, faisant face à la rade, était placée la batterie dite du Mézy. Sur le sommet de la colline, où s'élève aujourd'hui *la Tour de la Découverte*, la tradition locale rapporte que l'on voyait autrefois des vestiges d'un monument celtique. Le nom du fort du Mézy, celui de la colline elle-même, venait peut-être de ces vestiges d'un culte appartenant à un âge inconnu, parvenu presque jusqu'à nous avec son nom de *Minihi*, *Minisi* ou *Menisi* (1).

L'étendue de la presqu'île, prise par la ville de Lorient et l'arsenal de la marine, était beaucoup moins considérable qu'aujourd'hui. Du côté du ruisseau du Faouëdic, la mer s'étendait sur une largeur moyenne de 80 mètres et une

(1) Minic'hi, Menec'hi, Minibi, Minisi, Menisi, selon les différents dialectes bretons. Ce mot signifie *Asile sacré, inviolable*; on le fait dériver généralement du breton *Monac'h-ti*, *Maison de moine*. Il faudrait peut-être lui donner une signification différente et une origine plus ancienne : *Mein-isi*, *Pierre d'Isis*, et chercher dans l'ancien culte druidique la raison du privilége d'inviolabilité attaché à ces lieux consacrés. « En Tréguier, écrit dom Pelletier, « *Minic'hi est un rocher fort escarpé.* » Le privilége du fameux Minihi de Tréguier s'étendait sur quatre lieues de pays. — Dans le Morbihan, on connaît plusieurs localités nommées Ker-Minisi. — On n'est pas d'accord sur l'origine du culte d'Isis dans les Gaules,

longueur d'environ 600 mètres sur la partie de la ville adjacente au port de commerce : c'est donc une conquête d'environ 5 hectares qui a été faite sur la mer, dans cette partie.

A l'est de la ville, la baie tout entière du Faouëdic a été prise sur le Scorff : et, de ce côté, l'agrandissement de territoire peut-être évalué à quinze hectares. Au milieu de cette baie existait un petit îlot.

Le Scorff venait baigner l'emplacement des maisons de la rue de l'Hôpital faisant face au tribunal ; à l'ouest, les hautes marées s'avançaient au delà de l'abattoir et de la rue Neuve de la Comédie ; de telle sorte, que vu sur une carte, le territoire primitif de Lorient a l'aspect d'un torse humain.

Dans la partie de l'arsenal, la presqu'île du Faouëdic s'est encore agrandie sur la mer. Les conquêtes de cette partie ont été commencées par les premiers établissements de la Compagnie des Indes qui paraissent avoir débuté où se trouvent actuellement les ateliers des grandes forges et de l'ajustage, et aux environs du poste de la machine à mâter.

ERREURS HISTORIQUES.

I

LE CHATEAU DE LOC-ROC'H-YAN.

L'origine de Lorient toute moderne qu'elle soit, a sa fable. Une étude préliminaire de son histoire serait donc incomplète, si on ne traitait pas de sa partie fabuleuse.

Bien des écrivains ont dit que l'origine du nom de Lorient venait d'un ancien château nommé *Loc-Roch-Yan*, établi sur son territoire.

« Ce château et ce nom ont-ils réellement » existé ? demande M. Cayot Délandre : Les » écrivains qui l'admettent et qui en font déri- » ver le nom moderne de Lorient, s'appuient » sur un ancien manuscrit du couvent des ca- » pucins de Morlaix qui m'est inconnu.......»

Les éditeurs du nouveau dictionnaire d'Ogée, publié plusieurs années après l'histoire du Morbihan de Cayot Délandre, accueillent cette version sans restriction ; et, d'après les expressions de leur article sur Lorient, il semblerait que plus heureux que M. Cayot Délandre, ils ont pu lire le manuscrit de Morlaix.

« Au fond de la rade du Blavet, est-il dit,
» à l'embouchure et sur la rive droite du
» Scorff existait autrefois une vaste lande sur
» laquelle, d'après un manuscrit trouvé aux
» capucins de Morlaix en 1721, *le Juvénior du*
» *sire de Mériadec, Yan ou Jehan, assit en son*
» *apanage jouxte la rivière, un Castel qui eut*
» *nom Roc'h-Yan et le lieu se nomma depuis*
» *Loc'h-Roc'h-Yan.....* c'est sur les débris mê-
» mes du château de Roch-Yan que fut élevée, de
» 1737 à 1744, la Tour de la Découverte...... »

Ainsi, à défaut du manuscrit de Morlaix, voici un ouvrage sérieux qui consacre, pour ainsi dire, l'existence du château de Roch-Yan, et faire dériver sans difficulté, de ce nom à prononciation tudesque, celui si doux de LORIENT.

Nous ne savons qui le premier a signalé l'existence de ce manuscrit de Morlaix ; mais, ce qui nous étonne, c'est que découvert en 1721 il n'ait pas trouvé place dans les volumineux recueils de preuves de dom Morice et de son continuateur dom Taillandier, qui ont écrit

vingt ou trente ans plus tard ; et que personne
ne s'en soit occupé pour rechercher ce qu'était
ce sire de Mériadec, la situation et l'importance
de l'apanage de son fils Yan, l'époque de l'établissement du castel en question : enfin ce que
sont devenus le castel, le fief et leurs maîtres.

Avant de rechercher l'existence du castel
Roch-Yan, disons tout d'abord que les personnes
qui font dériver le nom de Lorient de Loc-Roch-
Yan sont doublement dans l'erreur. Il est positif
qu'aucun point du territoire de Lorient ne portait le nom de Loc-Roch-Yan à l'arrivée de la
Compagnie des Indes ; et on peut affirmer que
le nom de Lorient est dû à cette compagnie,
vulgairement connue sous le nom de *Compagnie
d'Orient*, ou *de l'Orient*, et dont les premiers
chantiers, origines de la ville, furent nommés
Enclos de la compagnie d'Orient, Enclos de
Lorient (1).

D'ailleurs, l'idiôme breton, qui s'accorde avec
l'orthographe française, vient confirmer l'origine
de ce nom de lieu en l'appelant *An-Orient, Le
Orient ;* expression dont on ne se fut pas servi,
si le mot *Loc* était entré dans la formation du

(1) Un des premiers navires de la compagnie des Indes,
construit peut-être sur les chantiers du Faouëdic, portait le nom
de *Soleil de l'Orient* (1670).

mot Lorient, comme on peut le vérifier par les nombreux noms de lieux commençant par ce monosyllabe, d'une origine celtique selon les uns et latine selon d'autres (1).

Le nom de Loc-Roc'h-Yan n'existait pas au xvii° siècle sur le territoire du Faouëdic, avons-nous dit, et ne peut avoir donné lieu au nom de Lorient. Mais ce château, bâti par le *Juvénior du sire de Mériadec*, a-t-il jamais existé à l'endroit où s'élève aujourd'hui la haute tour du port ou sur un point quelconque du territoire de Lorient? A-t-il enfin jamais existé quelque part?

Nous ignorons ce que peut être devenu cet intéressant manuscrit des capucins de Morlaix, révélateur du passé de notre pays ; mais le découvrit-on de nouveau quelque jour, que nous serions surpris d'y trouver un castel de Roc'h-Yan placé positivement sur le territoire du Faouëdic, sur la colline de la Tour de la Découverte.

Sur ce point, si on croit la tradition locale,

---

(1) Pour comprendre comment on a pu tirer l'étymologie de *Lorient* de Loc'h-Roc'h-Yan, ou plutôt de Loc-Roc'h-Yan puisque le mot Loc signifie *Nou*, tandis que Loc'h signifie *Cloche*, il est nécessaire de connaître la prononciation bretonne : Loc-Rorh-Yann, c'est-à-dire à peu près *Lororiann*. De là à *Lorient* la différence est assurément peu de chose, si on ne tient pas compte des sons gutturaux du Breton.

ce sont les vestiges d'un monument druidique et non ceux d'un château que l'on voyait encore il y a deux siècles; l'origine du manoir du Faouët ou du Faouëdic, son nom du moins, s'accorde peu avec les énonciations du manuscrit; et quant au château nommé le *Cloistre*, nous avons vu que c'est plutôt aux temps de l'occupation romaine qu'à l'époque féodale qu'il faudrait en faire remonter l'établissement.

Si on consulte la masse des documents de notre histoire, c'est en vain que l'on s'épuise pour découvrir quoi que ce soit d'applicable au même sujet. Antérieurement au onzième siècle les preuves historiques sont bien rares et bien pauvres; et s'il y est fait mention du Broërec ou du territoire de Kemmenet-Theboë, on n'y découvre aucun des châteaux qui ont cependant existé dès cette époque très probablement sur les bords du Scorff; c'est-à-dire, de Tréfaven, de Tronchâteau et de la Roche-Moisan. Au siècle suivant apparaissent ces châteaux et leurs fiefs, et on peut en suivre la durée pendant toute la suite de l'époque féodale. Mais nulle part on ne trouve de traces du Castel du Juvenior du sire de Mériadec, et on ne sait où a pu exister son apanage ou son fief, ni sous quel nom il fît partie du territoire de Kemmenet Theboë.

En définitive, à moins de supposer que le nom de Roc'h-Yan n'ait été lu dans quelque vieux titre, pour celui de Rochemoisan écrit en abrégé, il faudrait, après avoir nié l'application du manuscrit de Morlaix au territoire du Faouëdic, le rejeter entièrement pour ce qui concerne les deux rives du Scorff.

Ou c'est une erreur, ou c'est une fable.

II.

LA CHAPELLE DE LORIENT.

Outre le château féodal de Roc'h-Yan, dont nous venons de nier l'existence, le territoire du Faouëdic posséda, dit-on, une chapelle qu'on voyait encore à l'arrivée de la compagnie des Indes, et même plusieurs années après. Château, chapelle, nous n'eussions pas demandé mieux, dans notre exploration de cette pauvre lande du Faouëdic, que d'en saluer les murailles ou les ruines ; l'intérêt de cette notice y eut gagné considérablement : car jusqu'à présent le champ de nos recherches est bien dépourvu de monuments. Mais notre devoir nous oblige à n'admettre que ce qui est prouvé ; que ce qui est probable, à défaut de preuves certaines ; et, pour cela, à poser avec le plus grand soin la valeur des documents qui nous tombent sous la main.

Une chapelle aurait donc existé sur le territoire du Faouëdic à l'arrivée de la compagnie des Indes, et cette chapelle s'appelait *la Chapelle de Lorient*. C'est à M. Le Livec, l'un des derniers curés de la paroisse de Plœmeur, que nous devons la révélation de cette chapelle ; et cet ecclésiastique se trouverait d'accord avec l'auteur, ou l'inventeur, du manuscrit de Morlaix dont nous venons de nous occuper, pour reconnaître au nom de *Lorient* une existence antérieure à l'époque des établissements de la compagnie des Indes, et par conséquent une origine tout autre que celle que nous lui avons donnée.

M. l'abbé Le Livec fit quelque étude du passé de la paroisse de Plœmeur ; le premier, il mit de l'ordre dans les importantes archives de la fabrique, il les classa. Mais hélas ! depuis, la dent des rats a singulièrement peu respecté ces vieilles paperasses, dont la conservation intéresse cependant beaucoup l'histoire de cette paroisse et celle de Lorient.

Dans un petit recueil intitulé *Mémorial*, M. Le Livec a réuni tout ce qui lui offrit quelque intérêt historique ; on y remarque un chapitre ayant pour titre, *Nécrologe*, qui se compose des noms de tous les ecclésiastiques décédés dans la paroisse de Plœmeur depuis 1452.

En tête de ce chapitre on lit cet avis : « La

» date précise de leur mort est inconnue, n'étant
» pas lisible ni déchiffrable dans les fragments
» d'un ancien nécrologe manuscrit dont je retire
» les noms pour en conserver le souvenir dans
» la paroisse. Je le continue jusqu'à ce jour. »

Ce chapitre s'arrête en effet à l'année 1832.
On ne peut y distinguer ce qui est l'œuvre de
M. Le Livec de ce qui est extrait de l'*ancien
nécrologe*; et *si la date précise* n'y est pas indi-
quée, on peut cependant remarquer d'après le
rang des anciens recteurs de Plœmeur qu'on y
retrouve au complet depuis 1447, que l'ordre
chronologique a été observé dans cette longue
liste d'ecclésiastiques.

C'est dans ce nécrologe que nous avons trouvé
pour la première fois la mention d'une *chapelle
de Lorient* antérieure à 1666, mention qui résulte des passages suivants :

« M. Melou *chapelain de Lorient* y est mort
» et enterré. »

« M. Bragardis *chapelain de Lorient* y est
» mort et enterré. »

Ce n'est pas tout. Dans une autre partie du
mémorial, on trouve la liste de tous les chapelains de Lorient depuis 1622 jusqu'en 1691, la
voici :

» 1622 M. Melou;

» 1634 M. Benerven ;

» 1649 M. Alain Bohely ;

» 1657 M. Bragardis ;

» 1674 M. Maudé-l'or ;

» 1691 M. Quéret, dernier chapelain.... »

M. Le Livec ne laisse pas douter que cette chapelle de Lorient ait pu exister ailleurs que sur le territoire de la ville du même nom, puisqu'il ajoute à la suite du nom de M. Quéret : « c'est le dernier chapelain de la chapelle de » Lorient : En 1709 Lorient a été séparé de » Plœmeur et érigé en paroisse..... »

En présence de ces renseignements, il devenait important de recourir à l'ancien nécrologe où M. Le Livec déclarait les avoir puisés. D'ailleurs, le texte complet pouvait offrir un intérêt plus grand que les extraits donnés dans le mémorial. Nous croyons avoir eu à notre disposition la totalité des archives de la fabrique de Plœmeur ; mais, malgré les recherches les plus minutieuses, c'est à regret que nous avons dû renoncer à y rencontrer le moindre fragment de ce précieux document ; et il est à craindre qu'il soit de lui comme du manuscrit des capucins de Morlaix, qu'il ait disparu pour toujours.

Mais il nous restait d'autres moyens de vérification.

A défaut du nécrologe, nous devions espérer rencontrer quelques titres de cette chapelle de Lorient dans les archives de la fabrique : comptes de trésoriers, notes de dépenses d'entretien, etc., si cette chapelle avait été une dépendance de la paroisse. Comme dépendance du prieuré voisin de Saint-Michel et des Montagnes, ou de la seigneurie du Faouëdic, ou du fief de Tréfaven, il était encore probable que les documents qui se rapportent à ces trois établissements contiendraient quelques mentions à ce sujet. Il nous restait enfin à compulser les registres des baptêmes, mariages et sépultures de la paroisse de Plœmeur où nous pouvions encore espérer trouver quelque trace de cette chapelle.

Vain espoir ! Pas un papier concernant la chapelle de Lorient dans les archives de la fabrique où toutes les autres chapelles de la paroisse qui existaient vers 1666 possèdent des titres ou se trouvent mentionnées. Des quatre chapelles dépendant du prieuré de Saint-Michel et des Montagnes, les chapelles de Saint-Michel, de Saint-Gabriel, de Notre-Dame de Plascaër et de Saint-Christophe, il n'existait plus que celles de Saint-Michel et de Saint-Christophe, les deux autres avaient disparu depuis longtemps ; mais aucune de ces chapelles ne s'éleva sur le terri-

toire du Faouëdic et ne porta le nom de chapelle de *Lorient*. L'aveu de 1681 rendu par
Dondel à la princesse de Guémené, ne cite aucune chapelle dépendant de la seigneurie du
Faouëdic ; et si, dans les archives de la Rochemoysan et de Tréfaven on trouve des documents
concernant les chapelles de Saint-Adrien et de
Saint-Christophe (qu'il ne faut pas confondre
avec celle du même nom dépendant du
prieuré des Montagnes) (1), on ne trouve rien
qui se rapporte à une chapelle de Lorient, ou
qui en fasse la plus faible mention.

Sur les registres de l'église, on trouve des
baptêmes, des mariages et des enterrements qui
ont eu lieu dans tous les oratoires des environs
de Lorient ; à Saint-Adrien, à Saint-Christophe,
dans la petite chapelle de Keroman ; mais
celle de Lorient reste constamment oubliée.

N'existait-elle pas sur la partie du Faouëdic
cédée peut-être dès l'origine à la Compagnie
des Indes par de la Pierre et Dondel, ce qui
expliquerait le silence de l'aveu de 1681 à son
égard ?

Mais non, pas un doute ne peut exister sur ce
point. La Compagnie des Indes n'eut de cha-

(1) M. Le Livec a confondu les deux chapelles et n'a connu
que la dernière.

pelle dans son enclos qu'à dater de 1671; et il ne paraît pas qu'on y ait célébré de cérémonies religieuses avant le mois de mai de cette année. Cette chapelle fut construite par la Compagnie des Indes et lui appartenait privativement. Elle en entretenait les chapelains. Le premier de ces chapelains paraît avoir été *Dom Yves de Kerfanto*, et le second un abbé *Roques*. Les noms de *Maudél'or* et de *Quéret* se retrouvent fréquemment sur les registres de l'église de Plœmeur, mais sans autre qualité particulière autre que celle de *prêtre* ou de *vicaire*, comme les autres ecclésiastiques de la paroisse.

Les quatre actes qui suivent, extraits des registres des baptêmes et mariages de Plœmeur, présentent d'utiles renseignements à l'appui de ce que nous venons de dire :

1° « 12 Avril 1671. — Mariage dans la cha-
» pelle de Saint-Christophe entre maître Pierre
» Desmonti écrivain de la Compagnie des Indes
» et Marie Bizet... (signé) Yves Kerfanto prêtre. »

2° « Ce jour 18° May (1671) a été célébré le
» mariage dans l'*Oratoire de l'Orient* en Plœ-
» meur par le soubsignant Prêtre entre Jan Le
» Marcquet, mathelot résidant dans Lorient et
» Jeanne Cerizière..... (signé) Yves Kerfanto
» prêtre. »

3° « Ce trentiesme Juin 1671 a été baptisé
» en la maison à cause de sa faiblesse par mon-
» sieur Dom Yves de Kerfanto, Jan Hubac,
» nay le mesme jour, fils légitime d'honorables
» gents Jean Louis Hubac et Marie Thoby
» demeurant à l'Orient, lequel a esté ensuite
» raporter à l'église pour recevoir les cérémo-
» nies a esté nommé Jean. Parrain a esté messire
» Jérôme Le Garrec, marraine Nouel Pellissier
» laquelle a déclaré ne savoir signer. (Signé)
» Jean Louis Hubac ; Hiérosme Le Garrec ;
» Prestre ; Yves Kerfanto, prêtre ; et François
» Pittu, recteur. »

4° « Je soussigné certifie avoir administré
» le sacrement de mariage *dans la chapelle de*
» *MM. de la royale Compagnie des Indes*
» *Orientales à Lorient*, suivant la permission
» qui m'en a été donnée par M. le recteur de
» Ploemeur, à Louis de St-Just, natif de Verneuil
» diocèse de Beauvais, fils naturel à feus Louis
» de St Just et Martine Laplain de la mesme
» paroisse, et Marguerite Badet, fille à Guillaume
» Badet, maître de chaloupe de M. le directeur
» et feu Marguerite Coquete de la paroisse de
» Port-Louis et résidant à Lorient en la pré-
» sente paroisse, en présence de Guillaume
» Badet, père de ladite épouse, messire Nicolas

» Drias, garde magasin de la Compagnie, Jean
» La Chaisne, Le Moine, controlleur des ouvra-
» ges et Jean de Marts garde borts, le trentiesme
» Août 1676, (signé) Roques, prêtre et *aumo-*
» *nier de la Compagnie.* »

C'est cette chapelle *de la royale Compagnie
des Indes Orientales* qui est comprise dans
l'article 424 de l'aveu rendu au roi par la duchesse de Rohan, article cité précédemment.
Ce fut la seule qui existât sur le territoire de
Lorient jusqu'à celle dont on commença la construction en 1702, et qui devint par la suite
l'église paroissiale de St-Louis de Lorient.

Admettra désormais qui voudra la valeur de
l'ancien Nécrologe manuscrit de M. Le Livec à
l'égard de cette ancienne chapelle de Lorient ;
pour nous, il nous serait difficile de ne pas le
rejeter entièrement. Si nous n'avons pas retrouvé
ses fragments illisibles et indéchiffrables, nous
avons eu de nombreuses preuves négatives de
l'existence de cette chapelle. Nous avons vu
qu'il faut fixer à 1671 la création du premier
et du seul oratoire que la Compagnie des Indes
ait eu à Lorient ; et que si, à partir de cette époque, on peut admettre une liste de chapelains
de Lorient, on doit reconnaître que celle donnée
par M. Le Livec est défectueuse, puisqu'il omet les

noms de dom Kerfanto, et surtout de Roques, qui a positivement été aumônier de la Compagnie en 1676 et par conséquent le chapelain du *nouvel Oratoire*.

Ce ne sont pas d'ailleurs les seules inexactitudes à signaler dans ce travail de M. l'abbé Le Livec. Ainsi, au sujet d'un Jacques Grandin, chapelain du Prieuré des Montagnes, M. Le Livec écrit : « M. Jacques Grandin chapelain de St-Christophe y est mort et enterré. » C'est inexact. M. Grandin était chapelain du Prieuré des Montagnes et il n'y est pas mort. Il fut assassiné dans le chemin qui conduisait du Prieuré au passage de Bec-er-Groix (la Pointe de la Perrière).

Au nombre des ecclésiastiques nés et décédés dans la paroisse, le plus illustre d'entr'eux, c'est Guillaume Le Prestre seigneur de Lézonnet, de Kervergant, etc.. évêque de Cornouailles, né à Plœmeur au manoir de Kervergant vers 1588 et qui vint y mourir le 8 novembre 1640. Son corps fut transporté à Quimper et inhumé dans la cathédrale. A l'occasion de ce personnage, M. Le Livec, n'est pas heureux dans son Mémorial. Au nombre des ecclésiastiques originaires de Plœmeur, il cite Guillaume Le Prestre, évêque de Quimper, mais il fixe sa naissance à 1510.

Cet évêque mourut en 1640 à l'âge de 53 ans, d'après M. Le Livec, il faudrait allonger singulièrement son existence (1).

Le manoir de Kervergant, où est né et décédé l'évêque Guillaume Le Prestre, est aujourd'hui la propriété de M. de Raime, maire de Plœmeur, après avoir été celle du général Bourke, son oncle par alliance, ancien pair de France, né à Groix.

(1) Fils de Louis Le Prestre, seigneur de Lézonnet, gouverneur de Concarneau pendant la Ligue, Guillaume Le Prestre succéda à son oncle Charles du Liscouët dans l'évêché de Cornouailles. — Charles du Liscouët était beau-frère de Louis de Lézonnet, oncle de Jean de Jégado, dont il est question dans cette notice.

SEIGNEURS DU FAOUËDIC.

I

Le plus ancien seigneur de la terre du Faouët en Plœmeur que nous ayons trouvé cité, est Henri de Lizivy, seigneur du Faouët, que l'on remarque au nombre des seigneurs de *Léon en Guémené Theboy*, rendant hommage au vicomte de Rohan, à Hennebont, le 20 juillet 1396 (D. M^{ee} p. t. 2 col. 675.)

En 1425, un Thebaud de Lesvy accompagne le duc de Bretagne dans son voyage à Amiens (col. 1173) et un siècle après, le 29 Juillet 1527 un Antoine de Lisivy, maître d'hôtel de Jean de Laval, sire de Châteaubriant, représente son maître à Hennebont dans la curatelle de Louis de Rohan, sire de Guémené (t. 3. col. 971.)

Nous connaissons déjà François de Lisivy qui habita son manoir du Faouët en 1555; c'est le dernier seigneur de ce nom. En lui s'est éteinte une vieille famille noble qui possédait le fief du Faouët depuis le xive siècle au moins, comme le prouve la qualité de seigneur du Faouët donnée à Henry de Lizivy.

Guy Le Borgne, et après lui M. de Courcy, donnent pour armes à une famille Lezivy, *d'argent à trois chevrons de sable.* De son côté, M. de Laubrière trouve une famille de Lysivy ayant pour armes, *de sable à dix billettes d'argent,* comme les de Robien. Nous ne savons donc rien de positif concernant les armes de ces anciens seigneurs du Faouët. Remarquons en passant, avec M. Aymar de Blois, qu'il est fait mention par M. de Courcy d'une famille Lizivy qui avait la seigneurie du Faouët, en la paroisse du Faouët, et qu'il dit fondue au XIII° siècle dans les Bouteville. On se doute immédiatement d'une erreur commise par M. de Courcy, erreur qui provient de ce qu'il ne connaissait probablement pas notre seigneurie du Faouët en Plœmeur.

La famille des Lizivy, seigneurs du Faouët, se fondit dans celle des Tremillec et non dans celle des Bouteville, au XVI° siècle et non dans le XIII°.

II.

Maurice de Trémillec qui succède à François de Lisivy dans son fief du Faouët en Plœmeur, hérite également des autres seigneuries de ce dernier. Dans la Baillée du 15 Avril 1579 que nous avons eu occasion de citer, nous le voyons désigné avec les qualités de *sieur de Trémillec, de Lisivy, de Kerlault, La Boëxière, Le Faouë-dic en Plœmeur*; et on n'a pas oublié que dans les baillées de 1544 et 1555, François de Lisivy portait la qualité de seigneur de Lisivy, Kerlault, Le Faouët etc. Il faut donc admettre que Maurice de Trémillec succéda à Lisivy comme héritier, ce qui arriva vers 1572, car le 11 décembre de la même année il rendait aveu au prince de Gué-mené d'une tenue au village de Lomiquel en Plœmeur, sous la juridiction de la Rochemoy-san. — Nous ne connaissons aucun fait parti-culier concernant Maurice de Trémillec, qui, à sa mort, laissa une fille pour seule et unique héritière.

Le manoir de Trémillec se trouvait en Cornouailles, dans la paroisse de Plomeur, et une
famille noble de ce nom y est reconnue dans les
plus anciennes réformations. Guy Le Borgne lui
donne pour armes, *de gueules à trois croissants
d'argent 2 et 1*... Cette famille était probablement éteinte à la réformation de 1666, on n'en
retrouve plus le nom.

III.

Maurice de Trémillec eut pour successeur dans la seigneurie du Faouëdic-Lisivy, Jean de Jégado, seigneur de Kerhollain, qui épousa sa fille et son unique héritière. Jean de Jégado était fils d'un autre Jean et de Suzanne Le Prestre, sœur de Louis Le Prestre de Lezonnet, gouverneur de Concarneau pendant la ligue.

Jégado était fort jeune encore lorsqu'éclatèrent en Bretagne les premiers troubles de la Ligue ; ses goûts le portant vers la carrière des armes, il s'empressa de profiter des fréquentes occasions d'y satisfaire qui s'offrirent bientôt : ce qu'il fit avec distinction à l'école de son oncle de Lézonnet, l'un des meilleurs capitaines du temps. « C'était, dit l'historien Moreau en par-
» lant de Kerhollain, un brave et vaillant
» cavalier autant qu'autre de son temps.....
» Depuis l'an 1590, quand la garnison de Con-
» carneau allait à la guerre, s'il y avait rencon-
» tre de l'ennemi, il se trouvait toujours des

» premiers aux coups, et en rapportait avantage
» et honneur.

On ne peut suivre Jégado dans tout le cours
des guerres de cette époque; l'histoire se tait
sur les actions *de ce brave et vaillant cavalier,*
qui lui rapportèrent avantage et honneur. C'est
à l'occasion d'une mission diplomatique, si on
peut s'exprimer ainsi, que son nom est cité
pour la première fois. Voici à quel sujet :

Louis de Lézonnet, ainsi que la majeure
partie de la noblesse bretonne et particulièrement celle de Cornouailles, s'était rangé
sous les bannières de l'Union; et Jégado, son
neveu et son élève, embrassa naturellement la
même cause, qui était, en apparence au moins,
celle de catholiques contre huguenots. Mais la
conversion d'Henri iv à la religion catholique
était un évènement important; les ligueurs de
bonne foi n'avaient plus de motifs de se refuser
à reconnaître l'autorité de l'héritier de la couronne royale; aussi, ceux qui étaient sincère-
ment animés de l'amour du pays, ceux qui avaient
pris parti par conviction pour le salut de la foi,
virent-ils un devoir, une nécessité même, de se
détacher de la Ligue. Lézonnet, l'un des premiers
Bretons de ce parti, partagea cette opinion et
s'en ouvrit loyalement au duc de Mercœur.

Ne trouvant pas chez ce funeste ambitieux une entière franchise ; soupçonnant peut-être ses véritables intentions ; mécontent d'ailleurs, comme tant d'autres, de l'appui dangereux qu'il recevait des Espagnols qui formaient en Bretagne divers établissements, dont l'un très inquiétant, celui de Blavet, Lézonnet se décide à abandonner Mercœur ; et, pour négocier près du Roi son changement de drapeau, c'est son neveu qu'il choisit : il l'expédia secrètement au maréchal d'Aumont, lieutenant-général de la province. Ce dernier écoute Kerhollain, trouve les propositions de Lézonnet avantageuses, car il s'agissait non seulement de détacher de l'Union un personnage influent, mais encore d'obtenir la remise de la place et du port de Concarneau, à cette époque fort importants ; aussi, dans un temps où les affaires de Bretagne causaient bien du souci à Henri IV, le maréchal d'Aumont voulut lui faire sa cour en lui procurant la satisfaction de traiter directement cette affaire. Jégado est envoyé à Laon, où se trouvait le roi, et en obtint des conditions très-avantageuses pour son oncle, notamment son maintien dans le commandement de Concarneau. — 1594.

Lézonnet étant donc passé dans les rangs de l'armée royale, y fut suivi de son neveu Jégado, qui ne tarda pas à trouver l'occasion de se signaler de nouveau. « Au siège de Crozon, rapporte » encore le chanoine Moreau, au siège de Cro- » zon, qui fut le plus mortel de tous ceux qui » aient été de notre temps en Bretagne, le sei- » gneur de Kerhollain se fit remarquer à l'assaut » des plus hardis et résolus, fut par plusieurs » fois renversé à coups de pique du haut de la » brèche dans le fossé, dont se relevant et re- » montant, faisait plus que son âge ne portait, » et pour témoignage de sa valeur y reçut un » coup de pique dans la face, qui la lui défigura » beaucoup, donnant le long de la joue jusques » à l'oreille.

L'année suivante (1595), Lézonnet fut atteint, dans une entreprise contre la ville de Quimper, d'une blessure dont il mourut quelques mois après, laissant pour successeur dans le comman- dement de la place de Concarneau, un fils mi- neur sous la tutelle de Jean de Jégado, son cousin.

Pendant l'exercice de ce commandement in- térimaire, Jégado eut le bonheur de sauver la ville de Quimper d'un coup de main tenté par le fameux Fontenelle. Nous empruntons à dom Taillandier le récit de cette action mémorable :

« Fontenelle résolut d'amasser assez de forces

» pour se rendre maître de Quimper en plein
» jour et enseignes déployées. Il manda à cet
» effet les garnisons de Hennebond, de Vannes,
» de Pontivy et de la tour de Cesson, lesquelles
» se rendirent à Douarnenez.....

« Le lendemain trentiesme jour de Mai 1597,
» Fontenelle fit sortir de Douarnenez toutes ses
» troupes au nombre de 1200 hommes, qui pri-
» rent en bon ordre le chemin de Quimper.
» Elles marchaient tambours battants et ensei-
» gnes déployées. Fontenelle était si sûr de
» vaincre qu'il fit partir un nombre considéra-
» ble de bateaux et de charrettes pour trans-
» porter le butin. On ne s'attendait à rien moins
» à Quimper qu'à voir arriver l'ennemi... Ainsi
» on ne fut informé de la marche de ces troupes
» que lorsqu'on les aperçut de dessus les murs
» de la ville aux rabines de Pratanras. Aussitôt
» la muraille est bordée de soldats et d'habi-
» tants, les portes sont fermées et chacun court
» à son poste.......

« Fontenelle étant arrivé proche la chapelle
» de Saint-Sébastien où sont à présent les Capu-
» cins, fit attaquer une barrière qui était à l'en-
» trée du faubourg par où l'on va à Saint-Jean.
» Elle fut emportée et les troupes encouragées par
» ce premier succès gagnèrent la place de Saint-

» Mathieu et s'avançaient vers la ville. Elle était
» perdue sans ressources, sans l'un de ces évè-
» nements fortuits qui déconcertent tous les
» jours les mesures les plus justes. Jean de Jé-
» gado seigneur de Kerc'holen (*sic*), gouverneur
» de Concarneau pendant le bas-âge du jeune
» Lézonnet son neveu, arriva ce jour là à
» Quimper sur les neuf heures du matin, lui
» septième avec son trompette. Il ne savait rien
» de l'entreprise de Fontenelle. Mais à peine
» était-il descendu à l'auberge du Lion-d'Or,
» proche la porte Médard, qu'on cria à l'alarme
» dans toute la ville. Kerc'holen sans s'informer
» du nombre des ennemis remonte brusque-
» ment à cheval, part de la main et à la tête de
» cette petite troupe, donne sur les ennemis
» dans la place de Saint-Mathieu, son trompette
» sonnant la charge. Cette attaque imprévue
» étonna l'ennemi qui crut que Kerc'holen allait
» être suivi d'un gros de cavalerie. Comme il
» commençait à reculer quarante ou cinquante
» jeunes gens de la ville qui suivaient Kerc'ho-
» len chargèrent les troupes de Fontenelle avec
» tant de furie qu'ils prirent tout à fait la fuite.
» Il se trouva cependant parmi eux un boiteux
» qui tint ferme et qui eut assez de hardiesse
» pour attendre Kerc'holen dans la place Saint-

» Mathieu. Dans le moment que celui-ci tenait le
» sabre levé pour lui fendre la tête, le boiteux
» lui lâcha son coup d'arquebuse à bout por-
» tant. Ce coup porta dans la cuirasse et lui
» brula l'écharpe. Kersaudi qui suivait Kerc'ho-
» len, tua ce soldat.

 » Le capitaine Magense..... fait charger les
» fuyards et même le gros de la troupe qui était
» à Saint-Sébastien ; de sorte que ne pouvant
» plus soutenir cette nouvelle attaque, ils fu-
» rent obligés de se retirer après avoir laissé
» plus de quarante morts sur la place..... »

Les cruautés exercées après cet échec par Fontenelle à Pont-Croix, apprirent aux Quimpérois
de quel danger Jean de Jégado venait de les
sauver.

Le commencement de l'année suivante vit la
fin de cette malheureuse guerre qui désola la
Bretagne. Les Espagnols quittèrent Nantes,
Vannes, Auray et Blavet ; ils remontèrent sur
leurs vaisseaux, et pendant toute la durée du
règne de Henri VI, le pays respira en paix. Nous
ignorons ce que devint Jégado pendant tout ce
règne ; il vécut probablement dans sa terre de
Kerhollain en la paroisse de Lanvaudant, demeure habituelle de ses ancêtres. Nous ne le
voyons plus reparaître que sous Louis XIII.

Pendant la minorité de Louis XIII, le gouvernement de la reine régente éprouva de grandes secousses causées par l'ambition, la jalousie et les mécontentements des grands seigneurs, qui portèrent le trouble dans les provinces du royaume. Parmi les principaux mécontents se trouvait le duc de Vendôme qui, retiré dans son gouvernement de Bretagne, fit secrètement quelques préparatifs de soulèvement contre l'autorité royale, particulièrement dans l'évêché de Vannes, où il trouva dans René d'Arradon gouverneur de Vannes et dans le baron de Camors son frère, gouverneur d'Hennebont et du fort de Blavet, anciens chefs des ligueurs, des partisants tout disposés à seconder ses traîtreux desseins.

Sur la recommandation du duc de Vendôme, d'Arradon et de Camors firent réparer les places de Vannes et d'Hennebont sous prétexte du service du roi; Camors fit même des levées d'hommes au bourg de Pluvigner, et au commencement du mois de Mars 1614, par l'intermédiaire des prêtres des paroisses voisines d'Hennebont et de Blavet, il fit avertir les paysans, les charpentiers et les maçons de se rendre à Blavet pour travailler aux fortifications de ce lieu; on s'empressa d'obéir aux ordres du terrible capitaine.

Mais bientôt ses intentions furent dévoilées. Parurent des arrêts du Parlement de Bretagne faisant défense à Camors et à d'Arradon de réparer les fortifications de leurs places et aux paysans et ouvriers d'y travailler. Des lettres de la reine à tous les corps de communautés des villes et à toutes les sénéchaussées vinrent mettre la province en garde contre les menées du duc de Vendôme : Hennebont, comme les autres villes, reçut des lettres d'avis.

Camors, en présence de ces contre-temps fâcheux, n'en continua pas moins ses préparatifs, sans en avouer le but. Alors Jean de Jégado, fidèle au Roi, sortit de son manoir de Kerhollain (1).

A la tête des habitants d'Hennebont et de la noblesse des environs, il attaque Camors qui s'était retiré avec les siens, dans la tour dite des Carmes, aux premiers symptômes d'hostilités; il l'en débusque bientôt, et rend ainsi la tranquillité au pays.

L'affaire fit grand bruit, la Cour en exalta l'importance; et du reste, par cet acte résolu, Jégado assurait à la Reine régente les deux

---

(1) Kerhollain est situé dans la commune de Lanvaudan, et appartient actuellement à M. le capitaine de frégate Kerlero de Rosbo.

places de Blavet et d'Hennebont contre tout
évènement (1). Jégado reçut de la Régente des
lettres particulières de félicitations; et, pour ré-
compense, il lui fut accordé le brevet de capitaine de la ville d'Hennebont et de la tour des Carmes, en remplacement de Camors. Ces deux documents consacrent un fait historique intéressant;
nous croyons par conséquent devoir reproduire
ici l'un d'eux : la lettre de la Reine régente.

« Monsieur de Querrollein, le Roy monsieur
» mon fils et moy avons grande occazion de
» contentement de l'assistance que vous avez
» donnée aux habittans de la ville de Henne-
» bond pour les conserver en leur fidelle obéis-
» sance et de se dellivrer de ceulx quy se voul-
» loient rendre maistres d'eux, au préjudice du
» Roy monsieur mon fils, et vous asseure de sa
» part comme vous aussy de la mienne, que
» nous aurons une perpétuelle souvenance de
» ce service signallé que nous ne pouvions nous
» promettre de vous plus à propos ny en occa-
» zion plus importante au bien des affaires du
» Roi monsieur mon fils qu'en celle là ce que
» je vous ai voullu déclarer par ceste lettre, qui
» vous servira d'adveu de ce que vous y avez

---

(1) La Régente était particulièrement intéressée au succès de
Jégado : le domaine d'Hennebont faisait partie de son douaire.

» faict et exécutté comme aussy à ceulx quy
» vous ont asisté en ceste occazion à tous les-
» quels vous tesmoignerez le gré que nous leur
» en savons. Ferez à auchun diceulx que vous
» jugerez le méritter le mieulx dellivrer pour
» mesme effect les lettres que je vous envoye en
» blang et desclozes pour les remplir aupara-
» vant de les suscripre de leurs nomps atendant
» unne plus ample aprobation du Roy mon-
» sieur mon fils qui vous sera incontinent en-
» voyée avecque le pouvoir qu'il vous donne de
» commander au dict Hennebont de sa part
» pour son dict service. Et ce n'estant à aultre
» fin, je ne la feray plus longue que pour prier
» Dieu qu'il vous aict monsieur de Querrollain
» en sa sainte garde. »

« Escript à Paris le premier jour d'Apvril
» mil six cents quatorze. »

» — Signé MARIE et plus bas POTIER, et en
» la superscription est escript : à monsieur de
» Krollein commandant pour le Roy monsieur
» mon fils à Hennebond. » (*Extrait des re-*
gistres de la sénéchaussée d'Hennebond.)

Jégado nommé au commandement de la *ville
d'Hennebond et Tour des Carmes*, par lettres
royales du premier avril 1814, fut installé dans
cette charge dans une assemblée générale des

nobles bourgeois (1) et habitants de la ville d'Hennebont ; mais il ne la conserva pas longtemps.

La Reine régente était Italienne, elle préféra user de ruse et entrer en négociation avec les princes rebelles, au lieu de les traiter avec fermeté pour les ramener dans le devoir. Le duc de Cœuvres fut chargé de porter au duc de Vendôme des propositions de paix que ce dernier écouta et accepta.

En négociant avec la Reine, Vendôme eut soin de ne pas oublier ceux qui s'étaient compromis pour lui, et dans le nombre d'Arradon et son frère de Camors. Le vingt-quatre Mai 1614, à la grande surprise et au grand mécontentement des habitants d'Hennebont, qui pouvaient craindre des représailles, parurent des lettres royales qui rendirent à Camors la capitainerie d'Hennebont et de la tour des Carmes. — Jean de Jégado rentra dans l'oubli.

C'est au grand mécontentement des habitants d'Hennebont, avons-nous dit, que Camors fut rétabli dans la capitainerie d'Hennebont. L'occasion de faire parvenir jusqu'au trône les in-

(1) Nous ne nous expliquons pas cette expression paradoxale de *nobles bourgeois*, que l'on trouve fréquemment dans les papiers concernant la communauté de ville d'Hennebont.

quiétudes que le pays ressentait de la présence de cet incorrigible perturbateur du repos public, ne tarda pas à se présenter. Le 30 Juillet 1614, le Roi adressa de Poitiers à la communauté d'Hennebont une invitation pour envoyer aux États de Bretagne qui devaient se réunir à Nantes, le 18 Août suivant, *deux des plus capables et apparents personnages d'entr'eux.*

Les États de Bretagne, réunis à Nantes, arrêtèrent dans leur assemblée du 22 août le cahier de leurs doléances et remontrances à présenter au Roi, et celui-ci y repondit le 25 du même mois.

Sur les 26 articles du cahier des remontrances des États, les 9e et 14e furent certainement dictés par les députés d'Hennebont; ils concernent cette ville d'une manière toute spéciale. Les voici, suivis des réponses qui y furent faites par le Roi :

Article 9. — *Demande.* — « Pour empescher
» qu'à l'avenir l'on puisse retomber en pareil
» inconvénient (il s'agit des derniers troubles)
» que ceux esquels l'on s'est vu plongé depuis
» les six mois derniers, les Etats supplient très-
» humblement leurs Majestés ordonner que
» Blavet sera promptement raczé en sorte que
» que l'on ne s'y puisse pas cy-après fortifier.

Responce. — « Sa Majesté y a désia pourveu
» et veut et entend que le dict raczement soit
» faict sans aucune remise. »

Article 14.—*Demande.*— « Demandent aussi
» lesdicts États que la Tour des Carmes de
» Hennebont soict ouverte et ruisnée du costé
» de ladicte ville en sorte que l'on ne s'y puisse
» loger. Et sera sa dicte Majesté suppliée d'y
» mettre tel aultre gouverneur que le sieur de
» Camors ; oster la garnison qui y est et des-
» tiner le portal pour servir de prison, sans que
» aucun s'y puisse habituer ; Et que jusqu'à ce
» qu'il y ait tel aultre capitayne establi par le
» Roy, les clefs soient mises ès mains du Pro-
» cureur sindicq de la dicte ville.

Responce. —« Le Roy accorde ledict déman-
» tellement. Pour le regard dudict de Camors,
» ayant esté faict plusieurs plaintes contre luy,
» desquelles sa Majesté a ordonné qu'il sera in-
» formé par le Parlement, elle veult que ladicte
» garnison soit ostée. Que cependant il s'abs-
» tienne d'exercer la charge de capitayne et gou-
» verneur, de la dicte ville et la charge d'icelle
» soict commise aux dits habitants d'icelle et les
» clefs mises aux mains du Procureur sindicq. »

Le Roi accordait pleine satisfaction aux vœux
des habitants d'Hennebont. Quant à l'exécution

de ses promesses, elle ne se fit pas complètement; mais si les fortifications de Blavet ne furent pas rasées, ou moins si elles furent tout aussitôt rétablies, Hennebont ne vit plus dans cette forteresse voisine une menace perpétuelle, mais au contraire une sentinelle protectrice.

Jégado mourut vers 1640, dans son manoir de Kerollain en la paroisse de Lanvaudan. Il laissa trois enfants de son mariage avec l'héritière de Tremillec, Pierre de Jégado, chevalier seigneur de Kerollain, Kerlot, le Faouëdic, Lisivy, etc., dont nous allons nous occuper: Françoise de Jégado, qui épousa un seigneur de Carlan, et Élisabeth de Jégado, qui mourut abbesse de Kerlot.

Jégado, d'après Guy Le Borgne, portait pour armes: *de gueulle au lion d'argent armé et lampassé de sable;* il descendait de Jean de Jégado, qui commandait une compagnie d'ordonnance du duc à Montlhéri en 1465, et qui fut anobli en 1447, par le duc de Bretagne François Iᵉʳ.

IV.

Pierre de Jégado, *seigneur de Kerhollain,*
Kerlot, Labouessière, Tremellin, Lisivy, le
Faouëdic et autres lieux, gentilhomme ordi-
naire du roi, fils du précédent, n'est connu que
comme fondateur de l'abbaye de Notre-Dame de
Kerlot, dans la paroisse de Plomelin, près de
Quimper. Il fonda cette abbaye le 26 Mars 1652
dans sa seigneurie de Kerlot, en faveur de sa
sœur, Elisabeth de Jégado, religieuse de l'abbaye de la Joie d'Hennebont.

Pierre de Jégado mourut en 1657, la même
année que sa sœur Elisabeth. De son mariage
avec Françoise de Trécesson, il ne laissa pas
d'enfants; Rénée de Jégado, seule enfant issue
de ce mariage, étant morte en bas âge à Rennes,
avant son père.

Dom Morice rapporte, qu'à la mort d'Elisabeth
de Jégado, le Roi pourvut à son remplacement
à l'abbaye de Kerlot, par la nomination d'Anne
Le Coigneux; mais que la prise de possession

de cette abbaye fut l'occasion d'une opposition scandaleuse de la part des héritiers collatéraux de Pierre de Jégado. Supposant probablement que la fondation de l'abbaye de Kerlot n'avait été faite qu'au bénéfice d'Elisabeth de Jégado seulement; que par suite de la mort de cette dernière, toute la seigneurie de Kerlot devait revenir à son fondateur ou à ses représentants, les héritiers de Pierre de Jégado s'opposèrent à la prise de possession de l'abbaye par Anne Le Coigneux; il fallut l'intervention du maréchal de Mazarin, lieutenant-général du Roi, dans la province de Bretagne, pour obtenir raison de leur résistance; et encore dut-il employer la force armée.

Pierre de Jégado, avons nous dit, avait épousé Françoise de Trécesson : cette union ne fut pas heureuse.

Pour des motifs ignorés aujourd'hui, la dame de Kerollain forma une demande de séparation de corps contre son mari. Elle quitta pour cela la maison conjugale et se retira avec Rénée de Jégado, sa fille, chez la dame Gillette Hay, dame douairière de Trécesson, sa mère. Ce procès de séparation de corps ne fut pas favorable à la dame de Jégado, qui fut déboutée de sa demande : conseillée par sa famille, elle se décida à retourner près de son mari. Mais le scandale d'un semblable procès avait profondément blessé le gentilhomme, il refusa l'entrée du manoir à sa femme et à sa fille; elles dûrent vivre désormais loin de lui, et il pourvut à leur entretien au moyen d'une rente de deux mille quatre cents livres qu'il leur fit servir sur le revenu des *seigneuries du Faouëdic et de Lisivy.*

La dame de Kerhollain vécut à Rennes avec sa fille près de la dame douairière de Trécesson sa mère, et Pierre de Jégado demeura seul dans son manoir de Kerhollain. Bientôt la dame de Kerhollain perdit sa mère, puis sa fille Rénée, et elle essaya de se rapprocher de son mari. Mais celui-ci, comme aux premiers moments de la séparation, ferma l'oreille à toutes démarches et les années se passèrent dans la même situation.

Enfin, on apprend que Jégado, toujours seul dans son manoir, n'ayant autour de lui que *deux valets de bras,* est dangereusement malade. C'est sans doute le moment de tenter un dernier effort. Conseillée par son frère Daniel de Trécesson, *seigneur de Berneaut, lieutenant pour le Roi dans la ville et évêché de Rennes,* pressée par la sœur ainée de son mari, Françoise de Jégado, *dame douairière de Pontloë et de Car-*

lan, Françoise de Trécesson partit de Rennes, en compagnie de son frère et de sa belle-sœur, dans l'intention d'arriver jusqu'à son mari. Cependant, avant de se présenter au manoir de Kerhollain, elle crut devoir user de l'influence du sénéchal d'Hennebont. A sa prière, celui-ci se transporta le 8 Avril 1657, près du gentilhomme malade. Mais le sénéchal, « Après avoir » veu et parlé audit seigneur de Kerhollain et » lui avoir faict touttes les prières et semonces » de la part desdites dames de Kerhollain et de » Carlan pour l'obliger à les recepvoir dans sa » Maison et souffrir auprès de luy, » trouva toujours chez ce dernier la même répugnance : « le dit seigneur de Kerhollain ny a voulu en-» tendre, ains aurait déclaré qu'il ne les voulait » voir en aulcune façon ny personne de leur » part », est-il dit dans le procès-verbal qui fut dressé à cette occasion....

Pierre de Jégado alla même plus loin. Voulant mourir en paix et ne plus être exposé aux tracasseries de sa femme, de ses parents et de leurs amis communs, il délivra ce même jour, 8 Avril, au procureur Jacques Douillard, qui avait accompagné le sénéchal dans sa visite, les singuliers pouvoirs que nous transcrivons sur l'original écrit en entier de la main de Jégado.

« Moy qui soubsigne Messire Pierre de Gé-
» gado (*sic*), chevalier seigneur de Kerholein
» donne pouvoir à M° Jacques Douillard mon
» procureur au siège royal de Henebont de des-
» clarer pour moy et à mon non devant les juges
» dudit Henebont que ie m'oposse formelle-
» ment à ce que la dame de Kholein et son ny
» aultre sa part viane à ma Maison et ne vouloir
» souffrir la dite dame veu qu'elle a si devant
» demandé la séparation et qu'elle a quitté ma
» compagnie de son propre mouvement descla-
« rant avoir pour agréable la repetion de ladite
» desclaration que fera le dit M° Jaques Douil-
• lard et n'en faire révocation à Kholein ce hui-
» tieme d'avril mil six sans sinquante et sept
    (*signé*) « Pierre de Gegado Querholein. »

Avec Pierre de Jégado s'éteignait encore une
famille noble. M. de Courcy s'exprime ainsi sur
cette famille dans son Nobiliaire. « Jégado S* de
» Kerollain, Kerlot, réformation de 1448 et
» 1536, paroisse d'Inguiniel évêché de Vannes.
» de gueule au lion d'argent armé et lampassé
» de sable.

    « Jean anobli en 1447 commandait une com-
» pagnie d'ordonnance du duc à Montlhéri en
» en 1465. Autre Jean gouverneur de Concar-
» neau força Fontenelle à lever le siège de

» Quimper en 1597; Pierre fonda l'abbaye de
» Kerlot en 1652, et Elisabeth sa sœur en fut
» la première abbesse. »

La succession de Pierre de Jégado acceptée
sous bénéfice d'inventaire par ses héritiers,
toutes ses terres furent vendues. On a vu Thomas Dondel et François de la Pierre acheter le
Faouëdic-Lisivy à l'audience des requêtes de
palais à Rennes le 15 Juillet 1667; c'est à Guillaume du Bahuno, sieur de la Demye-Ville,
époux de Julienne Sorel, que la terre de Kerollain fut adjugée. Ce Guillaume de Bahuno mourut en 1687; il laissa à sa mort une bibliothèque
qui passait pour très-rare.

V.

Thomas Dondel, sieur de Brangolo, fils de Guillaume Dondel, sieur de Kerhabellec, et de Catherine Tuaut, naquit à Hennebont au mois de Janvier 1619.

Nous ignorons la profession qu'exerça le sieur de Kerhabellec ; mais Thomas Dondel, qui prit le nom de *sieur de Brangolo*, d'une propriété située près de Guémené, appartenant à Catherine Tuaut sa mère, tint toute sa vie la profession de commerçant à Hennebont, ainsi que ses deux frères, François, *sieur de Pendref*, Guillaume, *sieur de Keruzenel*; et ses deux beaux-frères, François de la Pierre, *sieur Dessales*, et Jean Bréart, *sieur de Boisanger*.

Les débuts du sieur de Brangolo se firent dans la maison de commerce de son frère aîné François Dondel; celui-ci, à raison d'une grande différence d'âge paraît être issu d'un premier mariage du sieur Kerhabellec (1). En même

---

(1) Guillaume Dondel, sieur de Kerhabellec avait épousé en

temps que Thomas, François Dondel avait pour commis dans sa maison, François de la Pierre, que nous croyons originaire du pays de Nantes. En 1644, de la Pierre devint le beau-frère de son patron et de son collègue, en épousant Thomase Dondel; et, soit en prenant la suite des affaires de François, soit en créant une nouvelle maison, Thomas Dondel et François de la Pierre formèrent bientôt une association commerciale. Cette société, qui dura près de 35 ans et fit la fortune des deux négociants, ne cessa qu'à la mort de Thomas Dondel.

Dans le principe, le genre d'opérations des deux associés fut le même que celui de leur patron : la vente en gros de vins et autres marchandises de consommation locale, et l'expédition sur Nantes et Bordeaux de céréales et de sardines. Ils affermèrent comme lui les revenus ecclésiastiques, les terres et les domaines de la noblesse des environs d'Hennebont, et comme ces revenus consistaient principalement en grains, ils pouvaient chaque année en disposer d'une grande quantité. Bientôt ils affermèrent les produits des divers impôts du pays,

premières noces Françoise Castaigne. — La terre de Kerhabellec est située dans la commune de Languidic; Pendref et Keruzenel ou Keruzener, se trouvent dans la commune de Caudan. Pendref est connu sous le nom de *Château du Diable.*

Toutes ces opérations continuées avec succès pendant quinze années, les deux associés visèrent à de plus grandes spéculations. Les fermes générales étaient alors l'occasion de grandes fortunes, c'est de ce côté qu'ils tournèrent leur ambition. En 1659, ils sous-traitèrent avec un banquier de Nantes, de la ferme des impôts des évêchés de Vannes et de Quimper. Ces adjudications se faisant trois années à l'avance et pour deux année, leur marché n'eut d'effet que pour les années 1662 et 1663.... En 1661, nouvelle adjudication pour 1664 et 1665. Cette fois Dondel et de la Pierre furent plus hardis; et, sous un nom d'emprunt, ils demeurèrent adjudicataires des impôts des mêmes évêchés. Ils furent aussi heureux à l'adjudication de 1663; puis successivement à plusieurs autres adjudications, probablement; car, pendant long-temps, on les vit prendre la qualité de *Receveur des fouages.*

Les deux associés divisèrent le travail entre eux : Dondel fut chargé de l'évêché de Vannes, et de la Pierre de l'évêché de Quimper; mais ils ne cessèrent pas pour cela d'habiter ensemble une même maison à Hennebont, Rue-Neuve, dans laquelle Dondel mourut le 23 Février 1679. La société des deux beaux-frères fut tellement liée, que toutes les acquisitions d'immeubles se firent en commun : c'est comme associés qu'ils se rendirent adjudicataires des seigneuries du Faouëdic et de Lisivy en Plœmeur, le 15 Juillet 1667, ainsi que nous l'avons dit précédemment. Après la dissolution de la société par suite de la mort de Dondel, la terre du Faouëdic-Lisivy tomba dans le lot des héritiers de ce dernier et devint l'héritage de son fils Pierre Dondel, seigneur de Keranguen, sénéchal de Vannes.

Nous avons vu Dondel et de la Pierre affermer les impôts des évêchés de Vannes et de Quimper; à ce propos nous devons raconter un incident auquel nous avons entendu accorder une certaine influence sur la détermination de la Compagnie des Indes de porter ses chantiers de construction et ses magasins au Faouëdic; c'est-à-dire sur l'origine de Lorient.

Voici le fait :

A l'époque où Dondel et de la Pierre débutaient dans les fermes générales, il y avait à Port-Louis, pour commandant militaire un sieur de Malenoë, créature du duc de Mazarin, lieutenant-général de la province de Bretagne et gouverneur du Port-Louis. De Malenoë connaissait la famille Dondel, avait des relations d'amitié avec elle et même, à ce qu'il parait, des relations d'affaires, telles que dépôts de capitaux, intérêts dans des navires, etc. De Malenoë était un peu au courant des opérations de Dondel, principalement par l'intermédiaire de Bréart de Boisanger, son beau-frère et son correspondant, qui habitait le Port-Louis.

Il eut connaissance, en 1661, de l'adjudication, au profit de la société Dondel et de la Pierre, des impôts de l'évêché de Vannes; et l'envie de gagner de l'argent s'emparant de de Malenoë, il s'adressa à Dondel pour en obtenir la concession des droits de consommation sur les boissons de Port-Louis, sur le même pied que les sous-fermiers précédents. Il faut dire que Port-Louis s'étant agrandi notablement depuis environ quarante ans, n'avait pas, jusqu'alors, attiré l'attention des fermiers-généraux, qui se contentaient, des sous-traitants de cette localité, d'une espèce d'abonnement fixé depuis long-temps à trois cents francs, lorsque les produits de cette nature d'impôts s'élevaient dès 1660 à huit ou neuf mille livres, chiffre qui allait s'élever bientôt à une somme bien plus considérable, à l'occasion de la Compagnie des Indes.

Dondel, qui était exactement instruit de cet état de choses, soit par lui-même, soit par Bréart, refusa d'accorder à de Malenoë la cession qu'il lui demandait; c'est-à-dire qu'il refusa de se contenter d'une somme de trois cents livres pour un bénéfice de huit à neuf mille.

Mais de Malencë insista, menaça même Dondel d'user de son autorité pour lui nuire, et enfin eut recours au crédit du maréchal duc de Mazarin pour vaincre sa résistance : Dondel dut céder. A la suite de l'adjudication de 1663, même manège de la part de Malenoë, même soumission de Dondel. Mais de Malenoë ne jouit pas long-temps des fruits de ses exactions, il mourut au mois de Mars 1664, après avoir cédé à Bréart son marché moyennant dix mille livres par an.

A la mort de de Malenoë, Dondel se crut délivré à la fois de son dangereux associé et de son désastreux marché. Il fit signifier immédiatement à Bréart d'avoir à lui verser le montant des produits des impôts sur les boissons du Port-Louis, sur le pied des traités passés entre celui-ci et Malenoë, c'est-à-dire dix mille livres par an. Mais la veuve de Malenoë et sa fille s'opposèrent aux prétentions de Dondel, et firent valoir le traité passé entre ce dernier et le commandant du Port-Louis : un procès s'engagea sur ces contestations. Ici encore, pour le malheur de Dondel intervint le duc de Mazarin, qui qui ne trouva d'autre procédé, pour mettre fin aux débats, que celui de la fable du bon Lafontaine, *l'Huître et les Plaideurs*, et disposa, de sa propre autorité, des produits des années 1664 et 1665, de la manière suivante :

« Il est ordonné au Sr de Boisanger de payer
» aux cy-après nommez la somme de vingt mille
» livres pour les deux années qu'il doibt des
» devoirs qui se lèvent sur les vins qui se dé-
» bittent au Port-Louis, savoir :

« A madame de Malenoë dix mille six cent
» cinquante livres.

« Au Sr de Beauregard la somme de sept
» mille livres y compris la somme de six mille
» six cent livres qu'il a cy-devant reçue.

« Au Sr de Montgogué (1) major la somme de
» six cens livres.

« Aux Srs Dondel et de la Pierre la somme de
» six cents livres.

« Au dit Boisanger pour despence par lui
» faite à la construction de la corderie du Port-
» Louis la somme d'unze cent cinquante livres.

« Fait et arretté à Vitré le 19e Septembre
» 1665.

« (*signé*) Le duc Mazariny. »

---

(1) Le major de Montgogué était fils naturel du duc de la Meilleraie, père du duc de Mazarin. — De Beauregard succéda à de Malenoë dans le commandement de Port-Louis,

Et pour couper court à toutes difficultés relativement à cet excès d'autorité et aux contestations entre les héritiers de Malenoë, Dondel, de la Pierre et Bréart, le Duc imagina de se faire offrir les revenus de ces mêmes impôts, à perpétuité, pour lui et ses héritiers, par les Etats de Bretagne, dont la décision à ce sujet ne manque pas d'intérêt, sous plus d'un rapport.

La voici textuellement :

« Les gents des trois Estats du païs et duché
» de Bretagne convoqués et assemblés par auc-
» toritté du Roy en la ville de Vittré dellibé-
» rants sur ce qui leur a esté remonstré par leur
» procureur général sindic que le lieu de Port-
» Louis n'estant il y a quelques années que la
» retraite de pauvres mathelots et pescheurs
» auroit été sy peu considéré par les fermiers
» des devoirs des Estats qui se perçoivent sur
» les vins et autres breuvages qui se débitent
» en détail, qu'ils se contentaient d'une somme
» fort modique de deux ou trois cents livres par
» chacun an pour tous droits qu'ils pourraient
» prétendre en conséquence de leurs baux sur
» touts les débitants dudit Port-Louis; lequel
» s'estant depuis augmenté après la closture
» des murailles et un grand establissement de
» commerce, qu'il estoit raisonnable et à pro-

» pos de mettre les choses sur un autre pied
» et d'y percevoir lesdits devoirs à l'advantage
» des Estats, de la manière qu'ils sont levez
» dans le reste de la province.

« Lesdits Estats pour marquer la particullière
» et forte recognoissance qu'ils ont de toutes
» les grâces, faveur et protection qu'ils ont
» reçues en général et en particulier de deffunct
» très-hault et très-puissant, messire Charles
» de Laporte duc de Melleray, pair et mareschal
» de France, conseiller du roy en tous ses con-
» seils, chevalier de ses ordres, grand-maistre
» de l'artillerye et surintendant des pouldres
» et salpêtres, seul liéutenant général en Breta-
» gne, gouverneur de la ville et chasteau de
» Nantes, des villes et forteresses de Port-Louis,
» Hennebont et Quimperlé, durant un gouver-
» nement de plus de trente années, dans des
» temps très-difficiles à cause des guerres étran-
» gères et domestiques dont la Bretagne par
» ses soings a esté inviolablement entretenue
» dans le service du roy nonobstant les puis-
» santes factions qui partagèrent toute la France;
» les privilèges de la province conservés lors-
» que l'on n'en recognoissait plus dans le
» royaume; et enfin les Estats constamment
» maintenus en leurs libertés et franchisses. Et

» voyant avec une satisfaction extresme avec
» quelle application, bonté, piété et justice,
» très-hault et très-puissant messire Armand-
» Charles, duc de Mazarini, la Meilleraye et
» Mayenne, pair de France, conseiller du roy
» en tous ses conseils, gouverneur de la haulte
» et basse Alsace, lieutenant général en Breta-
» gne, gouverneur de la Ferré, du chasteau de
» Vincennes, de Brissac, de Philisbourg, de
» Betfort, des villes et forteresses du Port-Louis,
» Hennebond et Quimperlé, son fils, continue
» à gouverner la province ; et faisant une grande
» considération des dépenses immenses de plus
» de cinq cents mille livres auxquelles par le
» deffunt seigneur mareschal de la Melleraye
» et par ledit seigneur duc de Mazarini, il
» a été pourvu pour fermer de murailles et
» fortifications ledit Port-Louis, y bastir des
» esglises magnifiques et de beaux monastères,
» pour les commodité et conservation des habi-
» tants ; et de cette sorte, d'un cheftif hameau
» en faire une ville si considérable qu'elle a
» mérité à l'exclusion de toutes les aultres du
» royaume qui recherchoient avec empressement
» ung pareil advantage, d'estre choisie pour le
» principal establissement de la Compagnie des

» Indes orientalles, qui attire l'abondance et
» la richesse dans le pays, avec la jalousye des
» provinces voisines ; et affin de convier mon
» dit seigneur le duc de Mazarini parachever
» ung ouvrage de cette consecquance et luy
» donner en quelque façon les moiens de l'en-
» tretenir et réparer et d'y faire de plus en plus
» fleurir le commerce,

« Ont ordonné que lesdites ville et forteresse
» de Port-Louis en faveur et au profilt dudit sei-
» gneur duc de Mazarini, des S^rs ses hé-
» ritiers et ayant cause, seront et demeureront
» pour le temps passé et à l'advenir abonnées
» et fixées à la somme de trois cents livres tour-
» nois par chacun an pour tous devoirs imposez
» ou qui s'imposeront cy-après à perpétuité par
» lesdits Estats sur les vins et aultres brevages
» qui se débitent en détail, sans que leurs fer-
» miers ou receveurs en puissent prétendre plus
» grande somme en vertu de leurs fermes et
» baux faictz et à faire ; consentent que ledit
» seigneur duc de Mazarini, les sieurs ses hérit-
» tiers et ayant cause en jouissent et disposent
» comme de leurs aultres biens propres ; qu'à
» cet effet il se pourvoye chez le roy pour obte-
» nir les lettres à ce nécessaire ; qu'il les fasse
» régistrer aux cours souveraines de cette pro-

» vince et partout ailleurs que besoin sera.

« Fait en ladite assemblée le 26e jour d'octo-
» bre mil six cent soixante et cinq. Par com-
» mandement de mes dits sieurs des Estats.
» (signé) Racinoux greffier desdits Estats. »

Cette ordonnance des Etats, qui spoliait Dondel et de la Pierre de leurs droits sur le revenu
des impôts de Port-Louis pour tout le temps de
leurs fermes de 1664 à 1667, ou au moins les
héritiers de Malenoë, qui se prétendaient leurs
cessionnaires, fut approuvée par le roi, et pendant près d'un siècle le duc de Mazarin et ses
descendants en profitèrent.

Et maintenant, voici comment cet incident se
lierait à l'histoire de Lorient.

D'après une tradition, sortie de la famille Dondel peut être, cette injustice aurait suggéré aux
sieurs Dessales et Brangolo, l'idée d'attirer hors
de Port-Louis l'établissement de la Compagnie
des Indes, cause principale de l'accroissement
des impôts sur les boissons dans cette place, de
manière à atténuer leur perte et à nuire à leur
oppresseur le duc de Mazarin ; et ce serait à leurs
efforts, à leur influence que serait due la création
des chantiers du Faouëdic, origine de Lorient (1).

_____

(1) Cette tradition est assez vague, nous ne l'avons pas trouvée
écrite. Une autre version ferait au duc de Mazarin attirer la com-

Nous ignorons si le fait est vrai ; mais ce qui semblerait lui donner une apparence de fondement, outre les faits que nous venons de raconter, c'est que Dondel et de la Pierre, par leur position de riches commerçants du pays, de fermiers généraux, d'intéressés probablement dans la nouvelle compagnie des Indes, purent facilement exercer une certaine influence sur les agents de cette compagnie au Port-Louis ; que Dondel fit en 1665 un voyage de Paris, où ses relations durent lui ouvrir les portes des directeurs de la compagnie et peut être lui donner accès près du surintendant des finances Colbert ; que dix mois après l'ordonnance des États de Bretagne que nous venons de reproduire, parut l'édit de Louis XIV portant concession à la compagnie des Indes des terres vaines et vagues le long des rivières de Blavet et de Scorff, et au Faouëdic, pour établir leurs chantiers et magasins (juin 1666) ; qu'un an plus tard, Dondel et de la Pierre se rendirent adjudicataires de la seigneurie du Faouëdic (15 juillet 1667) ; et qu'immédiatement la compagnie vint fonder sur les plages de cette terre ses premiers

pagnie des Indes au Port-Louis, pour augmenter ses revenus en conséquence du privilège que lui avait accordé les États. Mais ici les dates empêchent d'admettre le fait comme probable ; on soupçonne du reste que c'est la même tradition tournée différemment.

établissements hors Port-Louis.

Nous connaissions le fond de la tradition que nous venons de rapporter, mais sans y avoir attaché la moindre importance ; nous l'eussions certainement passée sous silence, sans la découverte que nous avons faite de toute l'intrigue, de toutes les exactions des Malenoë et Mazarin contre Dondel, de la Pierre et Bréart, dans les pièces d'un procès qui dura long-temps devant la juridiction d'Hennebont et le parlement de Rennes entre les Bréart et les héritiers de Malenoë, au sujet de ces fameux devoirs de 1664 à 1667. Aussi, sans toutefois ni admettre ni rejeter Dondel comme le fondateur de Lorient, nous croirions commettre une nouvelle injustice envers sa mémoire, en omettant de rapporter la tradition qui se rattache à son nom, et d'exposer les faits sur lesquels elle se fonde et l'examen des probabilités dont elle peut être appuyée.

Après tout, si le nom de Dondel ne devait pas être lié si étroitement à l'origine de Lorient, rappelons-nous qu'il a des titres plus grands et plus certains à l'honneur de figurer au premier rang des annales de cette ville :

Le sol de l'église de St-Louis, celui des places et des halles qui l'entourent a été donné par le fils de Thomas Dondel.

Avant de terminer cette notice sur Thomas Dondel, nous croyons indispensable de rectifier des faits, que l'exagération de la louange des Etats de Bretagne envers le duc de Mazarin dans leur ordonnance du 28 octobre 1665, a dénaturés.

A cette époque, Port-Louis n'était pas une ville superbe, couverte d'édifices et d'établissements magnifiques, pleine d'une riche et immense population; et , à la prise de possession de son commandement par le père du duc de Mazarin, le duc de la Meilleraie, ce n'était pas non plus *un chétif hameau servant de retraite à de paurres matelots et pêcheurs* (1). Non, Port-Louis ne méritait :

« *Ni cet excès d'honneur ni cette indignité.* »

Pour parler plus exactement, Port-Louis au commencement du XVII⁰ siècle avait déjà une agglomération de population de quelque importance. Le bourg de Blavet, ou de Saint-Pierre de

---

(1) Une seule preuve : — « du 6 octobre 1601, acte de vente consenti par Louise Mocarre veufue de feu Allain le Poher, demeurant en *la ville de Blavet*, à Jehan de Castillon, aussy demeurant au dit Blavet... faict et Gréé au dict Blavet au tablier de Claude Le Milloch l'un des notaires ; et d'aultant que la dite venderesse ne scait signer, elle a payé sire Paul Coutin, marchand de signer la présente à sa requête. » cet acte porte les signatures : Le Milloch notaire royal, Le Puillon notaire royal ; et Coutin. — Les notaires appartenaient à la juridiction d'Hennebont et résidaient à Port-Louis (Blavet).

Blavet comme on le nommait, était la résidence du recteur de la paroisse de Riantec. Au nombre des habitants ; il y avait un corps de bourgeoisie, des marchands, des notaires, etc. En 1618, deux ans après l'édit qui changea le nom de cette localité en celui de Port-Louis, on organise cette bourgeoisie en corps de communauté, et à partir de cette époque elle a le droit de députer aux états de la province. (1)

(1) La ville de Port-Louis cessa en 1658 de se faire représenter aux états de la province, faute de revenus communaux pour subvenir aux dépenses de son député. — La preuve de ce fait résulte d'une procuration délivrée par les notables de la ville à l'un d'eux, le 17 novembre 1671, pour solliciter du roi le rétablissement d'anciens droits d'ancrage qui se percevaient au profit de la ville, procuration dans laquelle on lit ce qui suit :

« ..... lesquels ont nommé à leur procureur général et spécial
» (le nom est laissé en blanc) ..... auquel ils ont donné ..... tout
» pouvoir ..... de représenter de leur part au roy notre sire.
« Que Louis treize aurait par ses lettres patentes du dix-sep-
» tiesme juillet 1618..... décoré ladite ville de son glorieux nom,
» et entre autres choses, concédé aux habitants d'icelle le droit
» de communauté, avec pouvoir d'eslire un d'entre eux pour leur
» procureur scindic, d'assister aux Estats de cette province pour
» y avoir entrée et voix délibératives à l'instar des communau-
» tés des autres villes royales de ladite province.
« En conséquence desquelles lettres les habitants de ladite
» ville de Port-Louis auraient assisté aux estats de ladite pro-
» vince représentés par leurs syndics, y eu séances et voix déli-
» bératives ainsi que les autres communautés des villes royales
» fors depuis mil six cent cinquante et sept qu'ayant député le
» sieur Jean Chérel, l'un d'entre eux, pour assister aux estats,
» ce qu'il fit, lequel n'ayant été remboursé des frais de son assis-
» tance auxdits estats, et les habitants n'ayant aucun fond pour
» ce faire, pour n'avoir fait supplication à sa majesté pour la
» continuation du droit à eux accordé ..... n'ont du depuis envoyé
» personne aux dits estats, personne n'y voulant assister a ses
» propres frais, et que ladite ville du Port-Louis estant à présent
» cernée de murailles, peuplée de quantité de familles qui s'y
» sont establies ..... tant pour la bonté du lieu que de son Havre

Port-Louis n'était donc pas, lors de l'entrée en fonctions de gouverneur du maréchal de la Meilleraie, en 1636, un chétif hameau peuplé seulement de matelots. Comme port, son importance était vieille et il était fortifié avant l'occupation espagnole de 1590. Des navires de guerre y armaient très-anciennement; et les gros navires qui ne pouvaient remonter le Blavet ou le Scorff, y chargeaient et déchargeaient des marchandises. Les principaux marchands d'Hennebont y avaient des associés ou des correspondants; et, lorsqu'en 1573 les manans et les habitants de cette ville résolurent de coopérer à leurs frais à la reprise de Belle-Ile, tombée au pouvoir de Montgommery à la tête de la flotte anglaise, fait remarquable du patriotisme malheureusement trop peu connu, c'est à Blavet qu'ils

*que l'on peut mettre pour un des meilleurs de l'Europe, ce
*qui a esté fort bien recogneu par Messieurs de la compagnie
*d'Orient ....., a besoing de quelques deniers communs pour
*subvenir aux nécessités publiques, comme construction d'un
*quay, fontaines et ramas d'eaux, entretien des pavés et ave-
*nues, establissement d'un professeur de la marine, n'y en ayant
*aucune ville dans la province à trente lieues de ladite ville;
*d'un régent et austres maistres d'escolles pour l'instruction de
*la jeunesse; soulagement des pauvres et autres nécessités publi-
*ques et communes ..... » (Cadio notaire. — Archives de la
*sénéchaussée d'Hennebont).

Après avoir vu comment la ville de Port-Louis cessa d'elle-même, en 1650, de jouir de son droit de représentation aux États, ainsi que les autres villes de la province, il serait intéressant de rechercher les causes qui lui firent perdre ce droit, d'une manière telle, qu'il ait fallu un nouvel édit (janvier 1763) pour le lui rendre: — mais ce serait s'écarter trop longuement de notre sujet.

armèrent leurs navires de guerre. (1)

Quant à la forteresse de Port-Louis, telle qu'elle existait en 1665, ce n'est pas au maréchal de la Meilleraye que sa construction était due, mais à son beau-père le maréchal de Brissac qui en était encore gouverneur en 1626 (2) à l'époque du coup de main tenté par le prince de Soubise, commandant d'une flotte de huguenots, et

---

(1) Nous avons découvert cette belle résolution, qui n'eut pas de suite par l'abandon de Belle-Ile que firent les Anglais, dans un projet de quittance sans date, mais que nous croyons appartenir au commencement du XVII° siècle et qui est ainsi conçu :

« Devant nous, nottaires royaux jurés et héréditaires en la
» court de Hennebond, a comparu devant nous en personne
» noble homme Morice Baellec hérittier de deffunct noble homme
» Jean Huby vivant procureur du roy en la jurisdiction de Hen-
» nebond. Lequel Huby auroict esté mary et espoux de damoiselle
» Jeanne Darasen, ledict feu Huby son mary ayant concédé .....
» et meuble de leur communité aux fin de la donaison mutuelle
» et esgalle d'entre eux. Laquelle Darasen estoict soeulle fille et
» hérittière de deffunct Thadé Darasen en son vivant l'un des
» manans et habitants de la dicte ville de hennebond. Lequel
» Thadé Darasen auroict esté l'un des habitants quy auroict fraié
» et advancé en l'an mil cinq cent soixante et treize la somme
» de onze vingt cinq livres tournois pour la despanse et l'arimage
» des navires de guerre qui se firent a Blavet pour le recouvre-
» ment de Belisle. Lequel Morice Baellec a reçu comptant en notre
» présence la somme de cent douze livres soubz tournois faisant
» le parachèvement des onze vingt cinq livres tournois de Bona-
» venture Le Mezec fils et l'un des héritiers de deffunct noble
» homme Jullien le Mezec, ledict feu Le Mezec ayant esté procu
» reur sindicq des bourgeois et habitants de ladicte ville de
» Hennebond en ladicte année mil cinq cent soixante et treize
» de laquelle somme de cent douze livres dix soubz tournois ledict
» Morice Baellec a quitté ledict Bonaventure Le Mazec et tous
» aultres par la présente et promez l'en acquitter envers tous et
» contre tous à la coustume. Faic¹ et gréé à ..... en toute forme
» de quittance soubz le signe dudit Baellec et le nostre le..... »

(2) Le maréchal de Brissac céda le gouvernement de Port-Louis au maréchal de la Meilleraie son gendre en 1636; et ce dernier au duc de Mazarin son fils en 1655. Dictionnaire d'Ogée).

et qui se réduisit au sac du Port-Louis et à la prise de vaisseaux de guerre en armement dans son port. Les murailles seules de la ville sont dues au maréchal de la Meilleraie ; et encore étaient-elles commencées lorsque le duc de Brissac lui céda le commandement de cette place. Le fait que toutes ces constructions militaires auraient été établies aux frais personnels des gouverneurs, est formellement contesté dans les pièces du procès dont nous avons parlé. Il y est dit par les héritiers de Malenoë, qui devaient être en position de connaître la vérité à cet égard, que les fortifications et les murailles ont été construites aux frais du Roi.

Pour ce qui concerne les églises magnifiques et les beaux monastères, on doit trouver, dans les archives du Port-Louis, des preuves que la construction de l'église de l'Assomption, qui ne fut achevée qu'en 1667, et celle des autres établissements de piété ou d'utilité, sont dues principalement au zèle, à la générosité et aux sacrifices des habitants, plutôt qu'aux largesses des ducs de la Meilleraie et de Mazarin.

Mais, avouons-le, messieus les députés des Etats de Bretagne, furent plus jaloux d'encenser le duc de Mazarin qui les présidait à leur assemblée de Vitré, que préoccupés de fidélité historique ; et d'ailleurs, ils ne furent coupables que de faiblesse, car la rédaction de leur ordonnance du 26 octobre 1665 fut, dit-on, l'œuvre du secrétaire particulier du duc.

Dondel mourut à Hennebont le 23 février 1679 et laissa quatre enfants de son mariage avec Françoise Touzé; l'un, Pierre Dondel, sieur de Keranguen, hérita de la seigneurie du Faouëdic-Lisivy et devint sénéchal au présidial de Vannes; Charles Dondel, sieur du Parc, eut la charge de sénéchal au présidial de Quimper, que son père lui acheta, en 1676, pour la somme énorme de soixante-seize mille livres; Marc Dondel, *sieur dudit lieu*, ne paraît pas avoir occupé de fonctions; et Françoise Dondel, qui épousa le 13 février 1679, dix jours avant la mort de son père, Jean-Baptiste de Cornulier, seigneur de la Lorière, conseiller au parlement de Bretagne. Le surnom de *Brangolo* ne fut conservé par aucun de ses enfants; il est vrai que depuis longtemps Thomas Dondel n'était plus propriétaire de la terre de la paroisse de Locmalo, près de Guémené, d'où il le tirait; dès 1646 il vendit Brangolo à un sieur Charles Piau.

Le nom de Dondel ne figure pas dans la réormation de la noblesse de la Bretagne de 1668 et années suivantes; et, d'après la profession de marchand que nous voyons cette famille pratiquer à Hennebont, les fonctions de procureur-syndic de la communauté de cette ville, exercées par les trois frères Guillaume, François et Thomas Dondel (1), il semblerait que cette famille fût bourgeoise. Cependant le 9 juin 1709, un arrêt du conseil d'État du roi, déclara Pierre Dondel, sieur de Keranguen, sénéchal de Vannes, François et Hyacinthe ses fils, nobles d'extraction et leur reconnut pour armes : *D'azur au porc-épic passant d'argent.*

Ce qu'il y a de certain, c'est que ce n'est que vers 1672 que Thomas Dondel prit la qualité d'*écuyer*, et que son fils aîné, le sénéchal de Vannes laissa dans la suite ce titre d'écuyer pour prendre celui de *chevalier*.

Disons en finissant ce trop long chapitre, qu'un membre de cette famille, Jean Dondel, ancien *conseiller du roi, baillif et lieutenant-général au siége de Quimper-Corentin*, prit le froc de moine et mourut au couvent des capucins d'Hennebont, vers 1630; et que l'un des derniers évêques de Dol, Jean-François Dondel, était petit-fils du sieur de Brangolo.

---

(1) François Dondel, sieur de Pendreff, syndic en 1629;
Guillaume Dondel, sieur de Keruzerel, syndic en 1651;
Thomas Dondel, sieur de Brangolo, syndic en 1655.

VI.

Après la biographie de Thomas Dondel, il reste peu de choses à dire de François de la Pierre, sieur des Salles, qui s'y trouve presque constamment compris.

Resté seul, François de la Pierre continua les affaires de négoce comme du temps de Dondel, et elles dûrent largement prospérer, car on le vit parvenir à une fortune considérable. Il acheta pour l'aîné de ses enfants, Jean de la Pierre, la charge importante de grand-maître des eaux et forêts de France et grand veneur de Bretagne ; pour un autre fils, Guillaume de la Pierre, sieur du Henan et de la Villeauliepvre, la charge de sénéchal du duché de Rohan, qu'il paya 9,000 livres en 1690, à la duchesse de Rohan ; pour un troisième fils, François de la Pierre, sieur de Talhouët, la charge de maître en la chambre des comptes de Bretagne. Au nombre des propriétés de François de la Pierre, on remarque celles de Talhouët en Guidel, de

Henan en la paroisse de Névet, dans l'évêché de Quimper; et enfin la baronnie de la Forêt, Sebrévet et Kerbrévet, qui s'étendait sur les paroisses de Languidic, Lanvaudan et Quistinic. Cette baronnie lui fut vendue pour le prix de cent vingt-cinq mille livres, par Henry, comte de Maillé et de la Marche, chevalier seigneur marquis de Carman et dame Marie-Anne Dupuy, sa femme, par contrat du 19 octobre 1687, rapporté à Saint-Brieuc par les notaires de la cour de Rennes.

De la Pierre mourut à Hennebont le 4 octobre 1692, et fut inhumé le lendemain dans l'église de Notre-Dame-du-Paradis, près du maître-autel, du côté de l'Evangile.

De son mariage avec Thomase Dondel, François de la Pierre laissa, outre Jean, Guillaume et François que nous avons cités, un quatrième garçon, Thomas de la Pierre, sieur de Fremeur, dont les descendants prennent aujourd'hui le titre de marquis (1); et une fille, Julienne de la

---

(1) Ordonnance de Louis xviii du 16 août 1817 qui maintient Armand Louis de la Pierre de Fremeur, dans la possesion du titre de marquis que prenaient son père et son aïeul. (Pour armes : « d'or à 2 fasces de gueules »).

Par décret impérial daté de Dresde le 16 mai 1813, le même Armand-Louis de la Pierre de Fremeur fut créé baron de l'empire et la terre de Kermadio près de Sainte-Anne, en Pluneret, fut érigée en majorat (Pour armes : « partie d'or et d'azur; l'or à deux fasces de gueules; d'azur à trois fusées d'or rangées en fasce; franc

Pierre, qui prenait la qualité de *Demoiselle du Faouëdic*. Celle-ci eut un sort non moins avantageux que ses frères : elle épousa, le 21 octobre 1678, Yves de Coniac, chevalier seigneur d'Allineuc, fils aîné de Jean de Coniac de Toulmen, conseiller au Parlement de Bretagne.

François de la Pierre tirait son nom de Dessales d'une petite propriété de la paroisse de Riantec. Il n'était pas noble d'origine ; il fut anobli par la charge de Conseiller-Secrétaire du Roi, maison et couronne de France, qu'il acheta : ses provisions sont du vingt-deux Février 1674. De la Pierre prit à partir de cette époque le titre d'écuyer, bien que dans des transactions commerciales postérieures il ait encore employé celui de *Marchand à Hennebond*. Par la suite, son fils aîné, qui eut en partage la baronnie de la Forêt (1), prit les titres

---

quartier des barons, membre du collège électoral, du neuvième de l'écu, brochant sur le 2ᵉ parti. • — Le Majorat de Kermadio est le seul qui ait été érigé dans l'arrondissement de Lorient.

(1) Voici une généalogie des seigneurs de la Forêt, prédécesseurs des de la Pierre :

1° Pierre de la Forest, seigneur dudit lieu, mourut en 1426 ;

2° Jean de la Forest mourut en 1436 ;

3° Pierre, seigneur de la Forest et de St-Merven, mourut en 1494 ;

4° Louis de la Forest mourut en 1500 ;

5° Louyse de la Forest, dame dudit lieu, et de Campson, héritière de Louis de la Forest et d'Ysabeau de Campson, épousa Tanguy de Kermavan (ou de Carman), et lui apporta la terre de la Forest ; elle mourut en 1544 ;

de : *Chevalier* Jean de la Pierre, *Baron* de la Forêt ; auxquels il ajoutait ceux de *Grand-Maître des Eaux et Forêts de France, Grand-Veneur de Bretagne.*

De la Pierre portait pour armes : *d'or à deux fasces de Gueules.*

6° Jean de Kermavan (Carman), mort sans enfants :

7° Tanguy de Kermavan, seigneur dudit lieu, de Sexploë, de la Marche, de Lesquelen, de la Forest, de Campson, etc., épousa Catherine de Rohan, fille de Jean de Rohan et de Guyonne de Lorgeril. Il mourut sans enfants ;

8° Françoise de Carman, fille de Tanguy et Louyse de la Forest, sœur de Jean et de Tanguy, survit à ses frères, épouse Jean de Plusquellec, chevalier, à condition que les enfants à naître du mariage prendront le nom et les armes de Carman. Elle apporta les grands biens des Carman à son mari ;

9° Maurice de Carman, fils des précédents, épousa Jeanne de Goulaine ;

10° Louis de Carman, seigneur dudit lieu, de Sexploë, de la Forest, etc., épousa Diane de Luxembourg, sœur de Charles de Luxembourg, et n'en eut pas d'enfants ; il mourut avec son frère Christophe dans un duel contre le marquis de Coëtmeur, à Rennes, sur la fin du carème de 1584. Le marquis de Coëtmeur, Jacques de Tourmine, mourut de ses blessures à la suite de cette rencontre ;

11° Claude de Carman, sœur et héritière de Louis et Christophe de Carman, épousa François de Maillé, chef du nom et d'armes de la maison de Maillé ;

12° Charles de Maillé, premier marquis de Carman et premier baron de la Forest. La terre de Carman (Kermavan) fut érigée en sa faveur en Marquisat ; celles de Sexplouer et de la Marche réunies et érigées en Comté, et celles de la Forêt, Sébrévet et Kerbrévet réunies et érigées en Baronnie, par lettres patentes du roi Louis XIII, données à Paris au mois d'août 1612 ;

13° Donatien de Maillé, marquis de Carman ;

14° .... de Maillé, marquis de Carman, meurt sans enfants ;

15° Henry de Maillé, son frère, lui succède. époux de Marie-Anne Dupuy ;

16° Jean de la Pierre, fils ainé de François de la Pierre, sieur Dessales et de Thomase Dondel.

Sur cette presqu'île du Faouëdic-Lisivy, le lecteur n'a vu qu'aridité et solitude, mais il y a peut-être rencontré avec nous les traces de chacune des trois grandes époques de l'histoire Armoricaine :

Celles des temps appelés druidiques, dans les vestiges d'un monument du culte des Druides, d'un *minihi* peut-être, sur le rocher où la tour du port a été construite ;

Celles de l'époque de la conquête romaine, dans l'étymologie même du mot *Fauoët* et dans les ruines du vieux château *Le Cloistre* ;

Celles de l'époque féodale enfin, dans les ruines d'un manoir, d'un colombier et dans la butte féodale.

C'est cette langue de terre, dont nous avons passé en revue les différents seigneurs : les uns gentilshommes d'épée ; les autres, nobles de la finance, qu'un acte de l'autorité souveraine est venu transformer comme par enchantement : changer la solitude et l'aridité de ses landes et de ses grèves, en une des plus belles villes de la Bretagne.

En effet, Louis XIV, en signant au château de Fontainebleau, au mois de juin 1666, l'ordonnance qui assignait la rivière du Scorff et le Faouëdic à la Compagnie des Indes Orientales, pour l'établissement de ses chantiers et de ses magasins, et pour l'armement de ses flottes, créa Lorient.

C'est par la reproduction de cette ordonnance célèbre, que l'on peut appeler l'acte de naissance de Lorient, que nous terminons cette notice.

ORDONNANCE DE LOUIS XIV

à laquelle Lorient doit son Origine.

——◆——

Louis, par la grâce de Dieu, roy de France et de Navarre : à tous présents et à venir, salut.

Nous aurions par notre déclaration du mois d'août 1664, formé une Compagnie puissante de nos sujets de toute condition pour faire le commerce des Indes-Orientales à laquelle nous avons donné, concédé et octroyé en toute propriété, justice et seigneurie, l'Isle-Dauphine, cy-devant de St-Laurent, et auparavant de Madagascar, les isles circonvoisines, forts et habitations qui peuvent y avoir été construits, avec pouvoir de naviguer et négocier, à l'exclusion de tous nos autres sujets depuis le Cap-de-Bonne-Espérance, jusque dans toutes les Indes et mers Orientales, et depuis le détroit de Magellan et Lemaire dans toutes les mers du Sud, et défenses à tous au-

tres de faire la dite navigation et commerce sur
les peines y contenues. Nous aurions aussi
exempté ladite Compagnie de nous payer beaucoup de droits qui nous sont dûs pour les marchandises et vaisseaux qu'elle fera entrer et sortir
de notre royaume et accordé quantité d'autres
privilèges ; et pour la conduite des affaires de
ladite Compagnie, nous aurions ordonné qu'il
serait établi une chambre en notre bonne ville
de Paris, composée de nombre de directeurs,
gens notables, de probité et capacité, des officiers de notre Cour, de notre Conseil, de nos
Compagnies souveraines, de nos finances, et des
principaux marchands, la nomination desquels
aurait été faite en notre présence par les intéressés en ladite Compagnie de six mille livres
et au dessus, laquelle nous aurions confirmée
par notre autre déclaration du mois de juillet
dernier, et par icelle accordé nouveaux privilèges
à la Compagnie, depuis laquelle nomination
lesdits directeurs qui travaillent avec tout le
soin et l'application possible pour le progrès de
ladite Compagnie, auraient fait partir deux flottes
composées de nombre de vaisseaux, tant pour
ladite isle Dauphine que pour les Indes, lesquels
ont fait voile au mois de mars 1665 et 1666, la
première partie de Brest, et l'autre de la Ro-

chelle, où ils avaient assigné les assemblées de
leurs vaisseaux ; mais comme nous faisons faire
ès-dits lieux les bâtiments de nos vaisseaux et
armements de nos flottes, il s'y trouve beaucoup
de difficultés, c'est ce qui aurait donné lieu auxdits directeurs de nous remontrer qu'il est nécessaire d'avoir un lieu et port pour faire les armements des flottes de ladite Compagnie et le ren-
dez-vous général de ses vaisseaux, sur quoi nous
aurions fait visiter le long de nos côtes de la
mer Océane et rivières y affluentes, tous nos ports
et hâvres, et par le rapport qui nous a été fait
par les personnes que nous y avons employées,
il se trouve que le lieu le plus propre et com-
mode pour l'établissement de ladite Compagnie
est le Port-Louis pour les magasins, et le Faouëdic et quelques autres lieux des environs le long
des rivières d'Hennebont et de Pont-Scorff pour
les chantiers et autres places nécessaires pour
le bâtiment des vaisseaux et qu'il y a des places
vaines et vagues qui nous appartiennent, tant
dans la ville de Port-Louis que sur les bords
et rives de la mer, et au Faouëdic, et le long
desdites côtes, sur lesquels l'on peut faire
lesdits ouvrages.

A ces causes, voulant donner des marques à
ladite Compagnie de notre bonté paternelle pour

nos sujets intéressés en icelle, et que nous voulons par tous moyens procurer l'avantage et l'utilité de son commerce, nous avons par ces présentes, signées de notre main, permis et permettons à ladite Compagnie de faire son établissement auxdits lieux de Port-Louis, de Faouëdic et autres des environs, le long des rivières d'Hennebont et de Pont-Scorff, et pour cet effet d'y construire des ports, quays, chantiers, magasins et autres édifices nécessaires à la construction de ses vaisseaux et armements de ses flottes ; et avons à ladite Compagnie concédé et octroyé, concédonnons et octroyons les places vaines et vagues et inutiles qui se trouveront nous appartenir tant dans ladite ville du Port-Louis et hors des murs d'icelle qu'au dit lieu du Faouëdic et autres lieux où seront faits lesdits quays, ports, chantiers, magasins et autres édifices et places nécessaires pour ledit établissement, desquels nous lui avons fait et faisons don par ces présentes, pour en jouir à perpétuité par ladite Compagnie en toute propriété et seigneurie, ne nous réservant aucun droit ni devoir que la seule foy et hommage lige que ladite Compagnie sera tenue de nous rendre, et à nos successeurs roys, à chaque mutation, sans aucune redevance que celle portée par notre déclaration du mois d'Août 1664. (1)

Si, donnons en mandement, à nos amez et féaux Conseillers les gens tenant notre Cour de parlement de Bretagne à Rennes et aussi à nos amez et féaux les gens tenant notre Chambre des comptes à Nantes, généraux de nos finances audit lieu, Sénéchaux et autres, nos Juges et Officiers qu'il appartiendra que ces présentes ils fassent lire et registrer et du contenu en icelles faire jouir et user ladite Compagnie pleinement et paisiblement, cessant et faisant cesser tous troubles et empêchements qui pourraient être faits, nonobstant toutes choses à ce contraires. Car tel est notre plaisir.

En témoin de quoi nous avons fait mettre notre scel à cesdites présentes.

Donné à Fontainebleau, au mois de juin de l'an de grâce mil-six-cent-soixante-six, et de notre règne le vingt-quatrième. (signé) Louis. — Par le roy : (signé) de Lionne et Séguier.

---

(1) Une couronne et un sceptre d'or du poids de cent marcs. La Compagnie fut affranchie de cette redevance par l'ordonnance de 1683, qui apporta des modifications à ses statuts.

TABLE DES MATIÈRES.

ORDONNANCE

Lorient, imprimerie de CORFMAT.